ひきずらない技術

心のモヤモヤがスッと消える

レジリエンスコーチ／コンサルタント
深谷純子

あさ出版

CAUTION

【落ち込み過ぎに注意しましょう】

- □ なんだか気分がパッとしない
- □ 一人になるとついつい考え込んでしまう
- □ せっかくの休日なのにイヤなことばかり思い出す

前を向こうと思っているのに、
どうしても前が向けないひきずりがちなあなたへ

本書を手に取っていただき、ありがとうございます。

この本はクヨクヨしたり、イライラしたりしがちな気持ちをスッと消したい方のために書きました。たとえ本書を手にしたあなたが、

上司や取引先に怒られて**ひどく落ち込んでいた**としても、

友人が自分の**悪口・陰口を言っているのを聞いてショックを受けた**としても、

大事な試験やテストで**満足できる結果が出せなかった**としても、

信じていた**恋人・パートナーに裏切られた**としても、

本書を読み終える頃には、晴れやかな気分になっているでしょう。さらに、この本を繰り返し読むことで、次のような変化も期待できるはずです。

・過去の失敗にとらわれない、考え方が**前向き**になる

・ネガティブな自分が嫌いで、**自己嫌悪に陥っていたが、**ある日、**そんな自分も別に悪くない**と受け入れられるようになる

・ちょっとしたことにも**イライラしなくなる**

・苦手な人からの**攻撃にもへこたれない、**むしろ、**打たれ強くなる、**イヤなことにも動じなくなっている

あなたが普段感じていた「しんどい」という思いもなくなり、いままで以上に気持ちがラクになるはずです。ストレスフルな生活に「疲れた」という方は、ぜひ本書をご活用いただけると幸いです。

はじめに

あなたはひきずりやすい人ですか？
それともひきずらない人ですか？

おそらく多くの人は、失敗をクヨクヨ考えたり、挫折から抜け出せなかったりする経験があるはずです。失敗して落ち込むのは、誰にでもあること。生きていれば当たり前のことともいえます。

ところが、いつまでもひきずっていると、前に進めません。問題の解決ができないどころか、新しいチャンスを逃してしまうことにもなりかねないのです。

現代社会は変化のスピードが速く、複雑な環境のなかで成果を求められる傾向が強くなっています。そんな社会で生きていくためには、いつまでもクヨクヨと立ち止まらずに、少しでも早く立ち直って、前に進む「ひきずらない力」が求められているのです。

では、いったいどうすれば、「ひきずらない人間」になれるのでしょうか。

私はそのヒントを、20年間在籍したＩＢＭで見つけました。


同社では、社員に積極的なチャレンジを勧めていました。

やりたい仕事があると、自分から「やります」と手をあげることができ、社員の意志が尊重される社風があります。

失敗しても次の挑戦ができる外資系企業の社風は、落ち込みがちだった私のメンタルを強靭《きょうじん》に鍛えてくれました。アジア全体を統括するマネジャーとして奮闘していたときは、海外の人間との交渉も多く、欧米人の前向きな考え方に感化されることも少なくありませんでした。


そのような環境で働いてきたこともあってか、私はあることに気づきました。

それはひきずりやすい人、ひきずりにくい人には共通点があり、彼らの特徴を研究することで、誰もが高いパフォーマンスを発揮できるノウハウが見つけられるのではないか、と。

私は現在、ＩＢＭで培った経験を活かすため、「深谷レジリエンス研究所」を設立し、多くの人にひきずらないための方法を教えています。「ひきずらない技術」を身につけることで、ビジネス現場ではストレスフルな環境でいかに適応しながら結果を出していくかが学べます。日常生活では、ネガティブ感情を切り離して、穏やかな気持ちで過ごすことができます。

この本には、そうした「ひきずり」のしくみや原因、「ひきずり」から脱却する実践的な方法をたくさん解説してあります。

「ひきずり」にとらわれなければ、あなたの人生はもっと楽しいものになるはずです。活き活きとした幸せな人生が訪れるでしょう。

もし、いまのあなたが何かをひきずっているのであれば、本書を通じて、人生をより前向きにできることを心より願っております。

２０１６年３月

深谷純子

目次

第2章 ひきずらない技術「レジリエンス」を知る

第3章 自分らしく「レジリエンス」を鍛える

第4章
「ストレス対応力」は4つのステップで鍛えられる

第5章 「ひきずり」状態から いますぐ抜け出す12の方法

イラスト

すどうまさゆき

加納徳博（p3・p15・p37・p71・p89・p117）

第1章

ひきずっていても、あなたは前に進めない

01 人生の成功は、ひきずる人にはつかめない

私がＩＢＭに勤務していた頃のことです。

ある新サービスの開発を担当したときに、思うように売上が伸びず、とても苦戦したことがありました。

ＩＢＭにはもともと、お客さま、社会に必要とされる存在になるため、挑戦を続けていくという考え方があります。挑戦に失敗はつきもの、失敗から学んで成長することを求められていましたが、そのときは自信をなくして、前向きな考え方ができずにいました。

頑張っても成果が見えない日々に、「自分には向いてないのではないか」と思い、何をやってもうまくいかない、出口の見えないトンネルに入っていました。

〝あつものに懲りて、なますを吹く〟というのでしょうか。

何をやるにしても慎重になってしまい、もったいないことをしました。

その一方で、失敗してもリベンジに燃えたときがありました。

確実だと思われた契約を受注できなかったときは、落ち込むどころか、ものすごく悔しくて「次こそは絶対に受注する」とますます闘志を燃やしたものです。

こうしたエピソードからもわかるとおり、失敗に対する人の受け止め方には大きな違いがあります。いったいこの「違い」とは何なのでしょうか。

それはその人が、**「ひきずるか」「ひきずらないか」**、さらには**「失敗を次に活かせるかどうか」**だといえるでしょう。

人は誰でも人生において、失敗や挫折をくり返します。

仕事上の失敗もあるでしょうし、受験に失敗したり、失恋したり、人から傷つけられたり、裏切られたり、心が折れてしまうことなどきりがありません。

自分にネガティブな状態が起きたとき、どう対処して、どう乗り越えていくか。

このことはビジネスでの成功はもちろん、人生をどう幸福に生きるのかという生き方にも密接に関わってきます。

ひきずらない人は、次々と課題に挑戦していきます。経験とチャンスが積み重なって、成功への精度が上がっていくのです。反対に、ひきずる人はなかなか前に進めません。経験、チャンスの質、量が増やせないため、成功体験にも恵まれず、ますますひきずるという悪循環に陥ってしまいます。

ひきずるか、ひきずらないか——。

これは人生で成功するかどうかを左右する大きな要素。

まさに、**「ひきずらない技術」を身につけることが、いまの社会を生き抜く必須の力**といえるのです。

⓪② 大切なのは、「ブレーキ」から足を離すこと

「ひきずり」は仕事や勉強の効率を落とし、人生を停滞させます。

場合によっては、心身の健康まで低下させます。

きっと多くの方が、ひきずることにマイナスイメージを持っているでしょう。

「ひきずり」は生命維持に必要

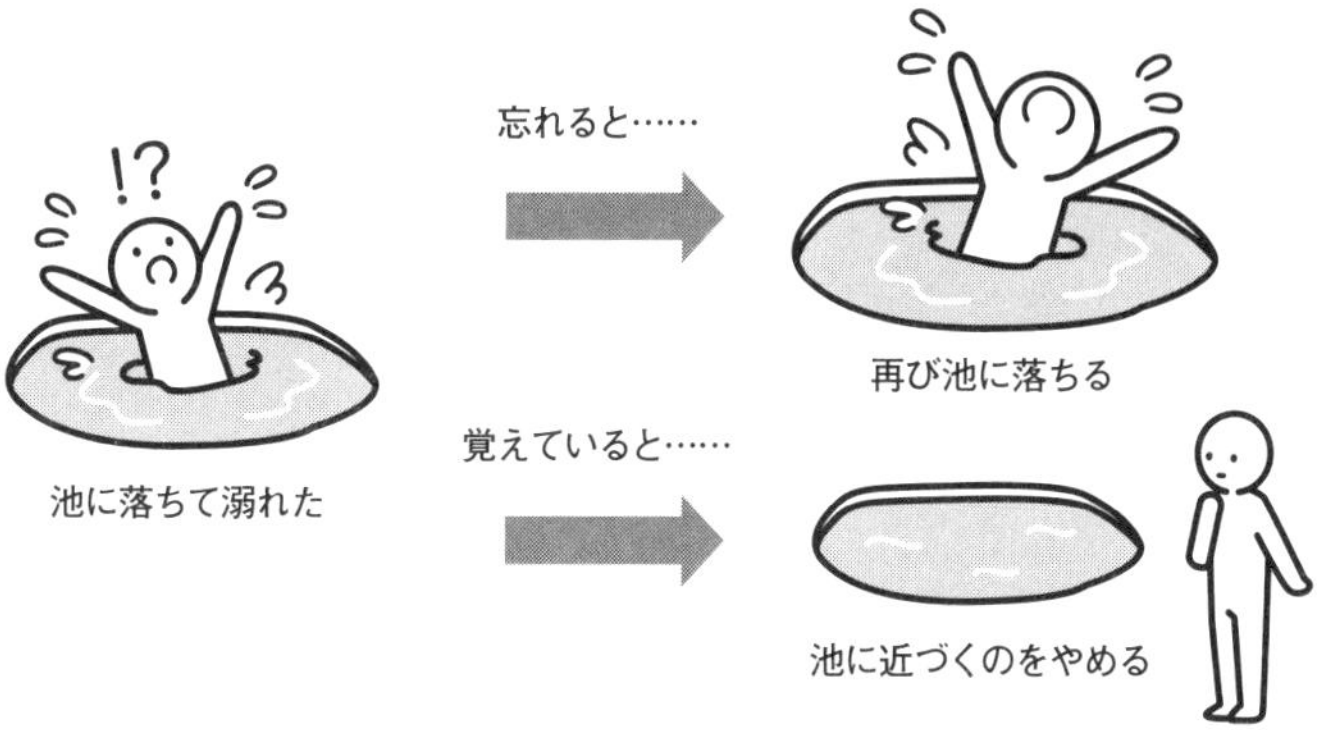

池に落ちて溺れた
忘れると……
再び池に落ちる
覚えていると……
池に近づくのをやめる

ですが、**「ひきずり」は、生きるために必要な機能**でもあります。

なぜなら、私たちの脳は失敗したこと、イヤなことをひきずることで、同じ過ちを未然に防ごうとしているからです。

実際、皆さんもいい思い出より、イヤな思い出を強く思い出しませんか。

たとえば、小さい頃に池で遊んで楽しかったということを覚えている人は少ないかもしれません。しかし、池に落ちて溺れたことを忘れたという人はそうそういませんよね。

これは脳が生きるために必要なこと（イヤなこと）ばかり思い出して、いいことを忘れるようにできているからです。

アクセルとブレーキにたとえるなら、「ひきずり」はブレーキです。

アクセルを踏まないと前には進みませんが、ブレーキがないと、暴走してこのうえなく危険です。大切なのは**ブレーキをかけていったん止まっても、また走り出すこと。止まったままにならない。再び走り出す。**

これが、「ひきずらない」ということなのです。

ですから、「ひきずっている自分」を全面的に否定する必要はありません。

ひきずってしまうのは生命を維持するための正常な反応。

言わば「危機管理反応」、多少はひきずってもいいのです。

あなたがひきずりやすい人間であっても、決して悲観することはありません。

むしろ、ひきずるあなたは危機管理能力にすぐれた、生命力の強い人間といえるのです。

03 「悪いひきずり」は後退するが、「良いひきずり」は前進する

「ひきずり」はなくてはならない感情です。

とはいえ、すべての「ひきずり」がいいわけでもありません。

一歩前に踏み出すための「良いひきずり」もあれば、その場に停滞してしまう、あるいは後ろに下がってしまう「悪いひきずり」もあります。


この差はいったい何でしょうか。

しいて言えば、それは「反省」と「後悔」です。

「反省」とは、失敗を振り返って、「次はそうならないようにしよう」と前に進む糧にするもの。失敗や挫折を教訓にすることです。

「後悔」とは、過去にこだわって、「しなければ良かった」「こうすれば良かった」と一歩も進まないことです。

過去に起きてしまったことは仕方がありません。

タイムマシンでもない限り、事実は変えようがないのです。

でも、**過去に起きた事実の意味を変えることはできます。**

「あの失敗があったから、いまがある」と言える生き方をすればいいのです。


私の場合、それは大学受験の失敗でした。

浪人したときは目の前がまっ暗で、不安だらけの1年を送りました。

「また落ちたらどうしよう」と何ともいえない、せっぱつまった気持ちで毎日を過ごしたことを思い出します。

でも、いま振り返ると、あの1年間があったから、人の挫折や痛みが少しはわかる人間になれたのだろうと思います。

ですから、やらかしてしまった失敗や、自分の身に振りかかったトラブル、困難を、いつまでもひきずる必要はありません。**「この失敗は自分のサクセスストーリーの第一歩だ」と言える未来にしていけばいい**のです。

ＩＢＭ時代、私の部下がまさにそれを実践していました。

「良いひきずり」と「悪いひきずり」とは？

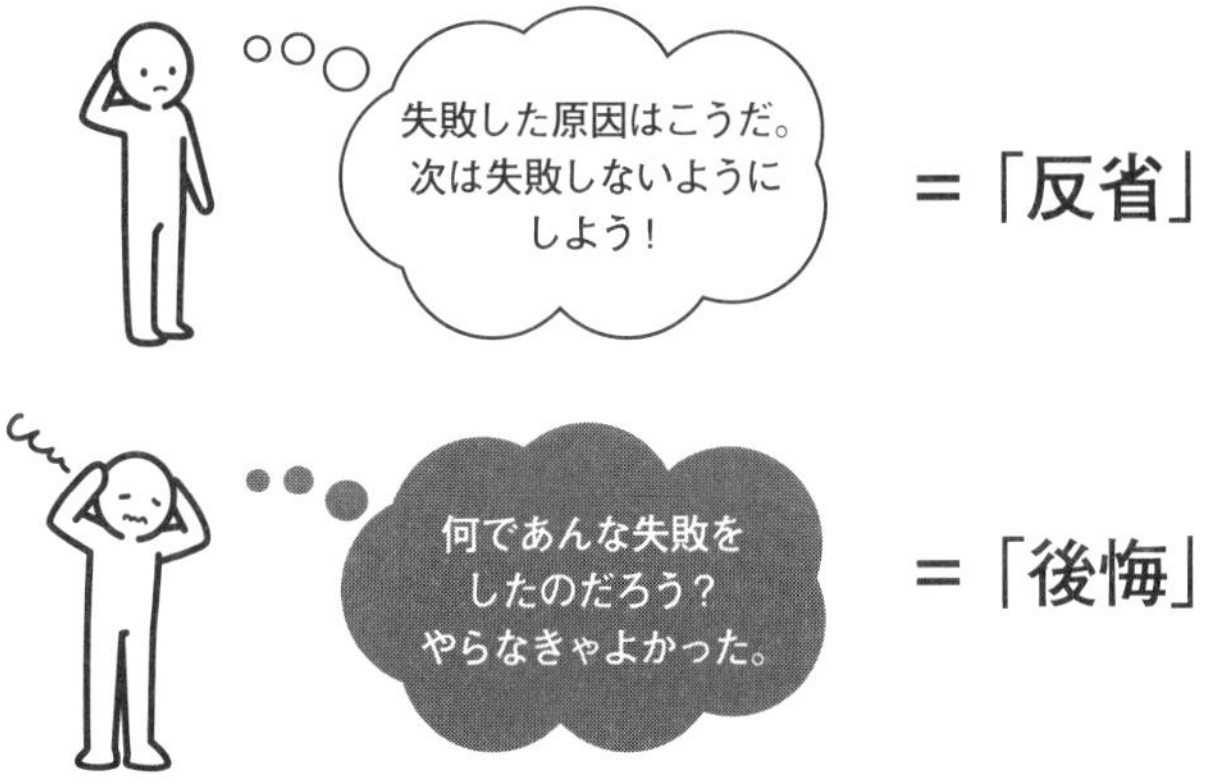

その部下はあるとき、お客さまからの依頼メールをチェックし忘れてしまい、慌てて取った対応も間違ったことで、信用を完全に失ってしまいました。

そこで彼はそのときのお客さまからのお叱りのメールをプリントして、机の引き出しにしまっておき、時々読み返すようにしました。失敗を忘れないように、わざとひきずっていたのです。

彼はそのメールを見るたびに、「もう絶対に同じ間違いはしない」と自分に言い聞かせ、前進する力に変えていました。

彼の例は、「悪いひきずり」を「良いひきずり」に変えた典型的なものでした。

04 「悪いひきずり」、3つの共通点とは？

人は誰でも失敗や挫折をするので、「ひきずり」はすべての人に起こると考えていいでしょう。だとすれば、私たちに必要なのは、「ひきずらないこと」ではなく、ひきずったとき、それをどうやって「良いひきずり」に変えていくかです。

「悪いひきずり」をする人には共通する思考パターンがあります。それは、

①「問題や自分にきちんと向き合えていない」
②「何をしたいか、自分の未来が見えない」
③「わかっているけど決められない」

という3つの思考パターンです。1つひとつ見ていきましょう。

①問題や自分にきちんと向き合えていない

起きた事実や自分に十分向き合っていないため、問題を未解決のままひきずっている状態です。次のような特徴があります。

人や環境のせいにして、解決されるまで待っている。

自分ができることがあるにもかかわらず、それに気づいていない。

変えられない現実と自分で取り組める課題が区別されてない状態で悩んでいる。

②何をしたいか、自分の未来が見えない

自分は何がしたいか、未来が描けていないので、不満を抱えながらも動けない状態です。次のような特徴があります。

心から達成したい夢や目標が見つかっていない。

夢や目標はあっても、何をすれば良いかがわからない。

過去の失敗や挫折経験から、積極的に未来を描くことをあきらめている。

③わかっているけど決められない

自分から行動する勇気、いまの自分を変える勇気が持てず、決断を先延ばしにしている状態です。次のような特徴があります。

行動を起こすことへの漠然とした不安がある。

もっと良い方法があるのではないかと思い、いつまでも探している。

自分で決めたくないので、誰かが決めてくれるのを待っている。

「悪いひきずり」をする人は、悩みを自分の中で増幅させています。

①②③の特徴はつながっていて、１つ解決すると次の悩みが出てくる感覚もあります。悩みがもつれた毛糸玉のように入り組んでいると感じる人もいるでしょう。でも、その「悪いひきずり」から脱出する方法が必ずあるのです。

05 「良いひきずり」の始まりは、ありのままの自分を知ること

では、この悪循環から抜け出すには、いったいどうすればいいのでしょうか？

それは、ありのままの自分を知ることです。

もし、失敗してひきずっているなら、謙虚に自分の弱点を認めて反省するのです。勇気がいりますが、認めてしまえば学びに変えられます。

完璧な人なんていません。**失敗しないのが良いのではなく、失敗からうまく学ぶことが大切なのです。**

そのためにはまず、**自分のネガティブ感情に気づくこと**です。

「悔しい」「悲しい」「不安だ」「イヤだ」「腹が立つ」などのネガティブ感情は、しっかり受け止めることで、自分を知ることにもつながります。

このことを深く感じた出来事があります。

ある脳科学のドクターと話したときです。

そのドクターは、「将来、認知症が増えるかもしれない」と言っていました。

いまの世の中は自分と向き合う時間があまりに少なく、何が起きても「ま、いいか」「やばい、やばい」と安易な言葉で片づけてしまいがちです。自分の感情を深く追究しないため、思考がそこで止まっているというのです。

私も、これとまったく同じことを感じています。

クライアントの話を聞いていて、自分の感情をうまく説明できない、適切に表現できないという方が少なくないのです。

脳科学のドクターは、深く考えない現代人の習慣が認知機能を衰退させ、将来の認知症患者の増加を招くかもしれないと警鐘を鳴らしていました。

また、**ありのままの自分には、「欠点」だけでなく「強み」もあります。**

自分の強みに気づき、活かしていく方法を考えたり、この先何をしたいか、どんな人生を送りたいかを考えることは、とても大切です。

失敗や挫折は「つらい経験」ですが、その中には人に感謝したり、大切なものに気づいたり、できたこと、手に入れたものがあるはずです。

「ありのまま」をしっかり受け止めることから、良いひきずりは始まります。

06 「ネガティブ感情」は反転させたほうがいい

ある経営者の話です。彼は幼い頃、継母《けいぼ》から壮絶ないじめを受けて育ちました。いじめに耐えられなくなって、高校生のときに家出。着の身着のままで東京に出てくると、建設作業員や水商売などあらゆる仕事を経験しました。

その間、彼の頭から離れなかったのは、継母に対する恨みです。

「あの人さえいなければ、自分は家出することもなかったし、高校もちゃんと卒業できたかもしれない。高卒であれば、仕事だってもう少しましなところにもつけた。ひとりぼっちの東京でこんなに苦労することもなかった……」

しかし、あるとき、ふと気づくのです。

そうやって恨んでいても苦しい現状は何も変わらない。

恨んでいる暇があれば、未来のために努力するべきじゃないか。いつか成長して、あの憎い継母を見返してやるんだ、と。

彼は歩合給の厳しいセールスの世界に飛び込むと、猛烈に働きます。トップセールスになるとヘッドハンティングされて、さらにキャリアを積み重ねていきます。最終的には会社を起こして大成功するのですが、彼の頭の中にはいつも、「いまに見ていろ」「見返してやる」「自分は絶対負けない」という強烈な思いがありました。ネガティブ感情の「悪いひきずり」ですから、一歩間違えば、負のスパイラルに転落する危険性もありました。

しかし、それをエンジンの推進力に変えて、見事にプラスに転換させたのです。

いったい彼の勝因は何だったのでしょうか。

それは**未来の目標を鮮明に描いていたこと**、そして**変わりたいという強烈な意志を持っていたこと**でした。

ビジネスで成功して、憎い継母を見返してやるというはっきりした未来の目標、このままでは絶対に終わりたくないという強い決意が、壮絶ないじめを受けた過去の「ひきずり」をエネルギーに変えていったのです。

会社を成功させ、社会的な地位や名誉も得たとき、彼の中から継母への憎悪がウソのように消えていったそうです。


「継母が自分をいじめたのも、仕方なかったのかもしれない」

「彼女も不安だったのだ」

「かわいそうな人だったんだ」


そう思えたとき、「憎しみ」は「同情」「共感」に変わっていったそうです。

いまでは「あの継母がいてくれたおかげで、いまの自分があるのだ」と感謝の気持ちでいっぱいだと言っていました。

生涯を貫く強力なネガティブ感情の「ひきずり」ですが、その強いエネルギーを反転させれば、「良いひきずり」に変えられるということです。

07 「どうせ自分なんて……」の甘いワナ

ひきずってしまう人には、「ひきずり」の状態が心地よい人もいます。「私はネガティブなんです」「このままがいいんです」「ほっといてください」という人です。

なぜこうした内向きの考え方になってしまうかというと、「ひきずり」の状態はその中にこもってしまうと、意外に心地よいからです。

なぜなら周りからの気遣いや同情があり、殻の中にいれば、それ以上傷つかなくてすむので、快適なのです。

いつかは殻から出るつもりで「しばらくそっとしてほしい」という人も、時間が経つと、殻から出るのが怖くなります。自分を納得させて、消極的な立場に安住してしまい、

「夢なんか持たなくてもいいんだ」
「わかってもらえなくてもいいんだ」
「どうせ何も変わらないから、このままでいいんだ」

と、ますます内向きの考え方になります。

「ひきずり」の中に安住するのも1つの人生のあり方、本人がそれで良ければ、他人がとやかく言うことではないかもしれません。

しかし、そのままでは何か大変なことが起きたとき、すぐに気持ちを切り替えるのは難しくなります。震災やリストラのような大きなストレスがあると、落ち込みやすく、なかなか回復できません。

頑張れる心の筋肉ができていないからです。

「ひきずり」の心地よさに安住するのは危険だということを理解しておきましょう。

また、殻の中にとどまることでストレスを感じていないか、振り返ってみましょう。

08 「レジリエンス」が失敗や挫折を成長に変える

つらい経験やストレスを糧に、前進していくのが「良いひきずり」です。

この「良いひきずり」に変える力を、心理学では「**レジリエンス**」と呼んでいます。これはもともと、物理の分野で使われていた言葉です。

物体の弾力性や強度を表す用語でしたが、心理学の世界でも使われるようになり、心の「回復力」「柔軟性」「しなやかさ」を表す言葉として用いられています。

一般的には、失敗や挫折を経験して心が折れてしまったとき、つらい経験をしてへこんでしまったとき、その状態からもとの元気な状態に戻る力を「レジリエンス」といっています。

これに加え、**私は心が回復するだけではなく、つらい経験をする前よりも成長できる。目的に向かってチャレンジでき、高いパフォーマンスを持続するのが「レジリエンス」、すなわち、本書の「ひきずらない技術」**だと考えています。

《一般的なレジリエンス》

・落ち込んだ心をもとの状態に回復させる
・心の落ち込み状態を悪化させない

《本書のレジリエンス》

・落ち込んだ心をもとの状態に回復させ、さらに成長させる
・目的に向かってチャレンジし、いまよりさらに良い状態にする
・高いパフォーマンスをなるべく長く維持する

いじめられた社長が激しく落ち込んでも、そこから立ち直って、もとの何十倍もの状態に自分を上げていったのは、「レジリエンス」の典型です。

ひきずらない技術を身につければ、失敗や挫折が自分をさらに成長させる起爆剤になります。失敗や挫折が多いほど、どんどん成長していけるのです。

次章では、「悪いひきずり」を「良いひきずり」に転換させて、以前の自分よりさらに強くなる「レジリエンス」の正体について見ていきます。

Column 01

「悩みの分別作業」

新しい仕事に取り掛かるとき、過去の失敗や苦労が頭に浮かび、そこを避けようと慎重になります。これは経験を教訓として活かしたいという自然な発想です。

一方で、失敗経験をひきずりすぎると、何をしてもうまくいかないような、始める前から敗色濃厚で、やる気が出てこないことがあります。

そんなときは、悩みを切り分けてください。

過去の失敗は変えられませんし、未来がうまくいくかどうかは誰にもわかりません。

まず、過去と未来を切り離して、「いまできることは何か」に集中します。

野球の試合に例えると、チャンスで三振した経験を思い出して、「また三振したらどうしよう」と心配している状態は、過去と未来にひきずられて、「いま」が抜けています。

試合に勝つためには、「いますべきこと」を考えなくてはいけません。

失敗を避けるためではなく、成功するにはどうしたらよいかのほうが、思考力が増します。必要なのは、ネガティブの回避ではなくポジティブなゴールです。

つまり、「三振しないためにどうするか」ではなく、「どうすればヒットが打てるか」を考えて打席に入るイメージです。

「いまできること」と「手に入れたい結果」、この2つに向かっていくことで、ひきずりのトンネルを抜け出し、本来のやる気を取り戻しましょう。

第2章

ひきずらない技術
「レジリエンス」を知る

01 ひきずらない人は、「2つの力」を持っている

人は挫折や失敗を経験すると、心が落ち込み、そのときの感情をひきずります。その「ひきずり」をプラスの力に変え、失敗する前よりパワーアップするのが本書の「レジリエンス」です。パワーアップを可能にするためには、私は2つの「レジリエンス」が必要だと考えています。

1つは、落ち込んだ状態から立ち直る「レジリエンス」です。私たちが「立ち直る」「ひきずらない」という言葉からイメージする「レジリエンス」は、ほとんどがこのこと。

本書では**『逆境を乗り越えるレジリエンス』**と呼んでいます。

あなたが何かで落ち込んだとき、「よーし頑張るぞ」と気持ちを奮い立たせ、それ以上落ち込まないようにする働きがあります。

もう1つは、失敗を恐れずに挑戦する「レジリエンス」です。

たとえば、チャンスかもしれないのに、失敗を恐れて腰がひける、チャレンジしない、ということはありませんか。

人はみな過去の体験から「これはできない」「これは無理」と勝手な思い込みを持っています。チャンスが来ても、「自分には無理」としり込みしてしまいますが、それを何とか乗り越えて突破していく必要があるのです。

私はこれを、**『チャンスを活かすレジリエンス』**と呼んでいます。

もし、あなたが過去の失敗から立ち直れないなら、それは『逆境を乗り越えるレジリエンス』が足りないからです。

一方で、過去の失敗をひきずって、チャンスが来たのに挑戦しない、あるいは100%の力を注げないのは、『チャンスを活かすレジリエンス』が足りないからです。

心の状態をメーターで表すとわかりやすいでしょう。

何もない普通の状態のとき、心の針はメーターの中央にあります。

この針は失敗して落ち込むと左側に傾きます。マイナスに傾いたままだとパフォーマンスに大きな影響が出てしまうため、少しでも早く針を中央に戻して回復させる必要があります。

そのときに発揮される力が、1つめの『逆境を乗り越えるレジリエンス』です。

そして中央にある心の針を右側に移動させる、グイグイとギアを上げていき、その状態を維持させるのが、『チャンスを活かすレジリエンス』です。


一度は左側に傾いた針を中央に戻し、さらに右側に移動できれば、心は回復しただけでなく、さらに成長できています。

このように「悪いひきずり」を「良いひきずり」に変え、挫折を経験したときより何倍もたくましい人間に成長するためには、**『逆境を乗り越えるレジリエンス』**と、**『チャンスを活かすレジリエンス』**の両方が必要となってくるのです。

レジリエンスは２つある

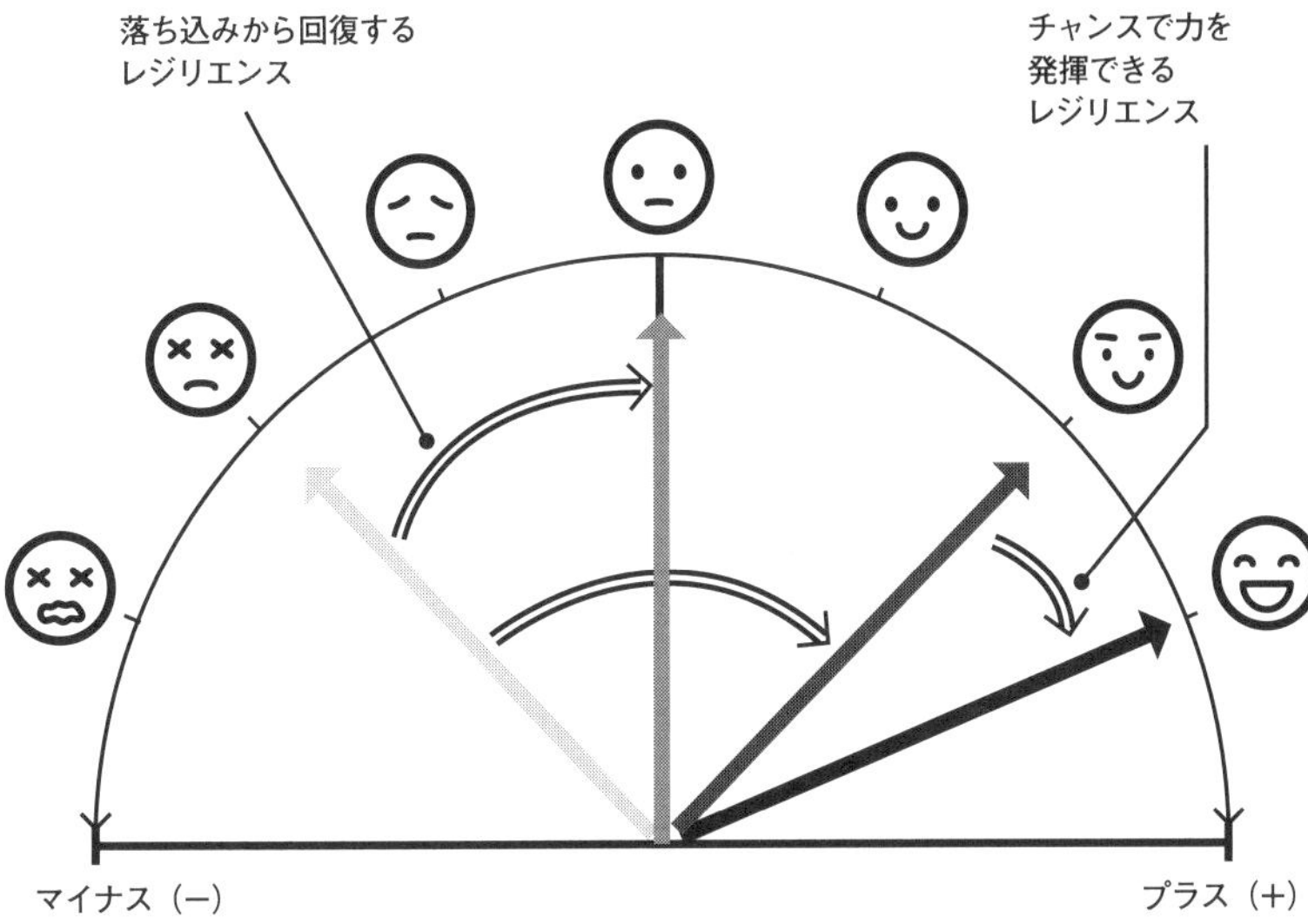

心の針は落ち込むと左側に、回復すると中央に、モチベーションは上がると右側に動く

02 力を鍛えるコツは「避難訓練」にあり

さきほどの2つの「レジリエンス」は、日常的に鍛えることができます。

わかりやすい例が避難訓練です。学校や職場の避難訓練では、非常ベルや館内放送を合図に一斉に避難したり、消防署の人の話を聞いたりしたかと思いますが、みなさんはいったいどのような気持ちで取り組んでいましたか。

万一災害が発生したとき、「真面目に訓練に参加した人」と「どうせ起こらないとさぼっていた人」の間には歴然とした差がついています。「災害＝逆境の本番」ですので、「逆境を乗り越えるレジリエンス」は平常時に訓練していた人のほうが、断然強いのです。

普段から小さなことにも全力を尽くして、頭や心を鍛えておくことは、いざというときに力を発揮できます。

このことは脳科学的にも裏付けられています。

人間は全力を尽くすことで脳のネットワークが成長します。

脳のネットワークが成長しているほど、逆境にも強く、心の回復も早いのです。


その最たる例が、東日本大震災での「釜石の奇跡」です。

釜石市では日頃から小中学生に避難訓練を実施し、災害に遭遇したときは「全力で走れ」「自分のベストを尽くせ」と教えていました。

そのため震災時、釜石市は大津波に襲われたにもかかわらず、釜石市の小中学生はほぼ全員、99・8％が助かっているのです。

特筆すべきは、釜石東中学校の生徒がとった行動でした。

彼らは地震が起きたあと、校内放送を待たずに、自主的に外に駆けだすと、隣の小学生たちも連れて、全力で避難所と指定された高台まで避難しました。

しかし、そこも危険だと判断した生徒自身の決断により、さらに上の高台に避難して津波の難を逃れているのです。避難訓練による経験でレジリエンスが鍛えられ、**想定を超えた逆境さえも乗り越えることができた**のです。

「釜石の奇跡」は決して偶然の賜物ではありません。

日頃からの全力の訓練によって、初めて可能になったものでした。

「レジリエンス」は普段から鍛えておくと、危機に直面したとき大きな力を発揮できるのです。

03 理想は「強い心」より「しなやかな心」

では、「レジリエンス」を鍛えて、私たちはどのような心の状態を目指せばいいのでしょうか。

人によって心の状態はさまざまです。ストレスに弱くて心が折れやすい人もいれば、ちょっとやそっとのことでは心が折れない強いメンタルの人もいます。

たとえば、心がガラスでできていたら、ヒビが入りやすく、落とすと粉々に割れてしまいます。もとに戻すのも時間がかかり､心の回復がなかなかできません。

一方で、心がステンレスでできていたら、叩いても、落としても、投げても壊れることはありません。どんな困難にも落ち込んだり、めげたりすることがなく、とても強いといえますが、誰もが目指せるものではないでしょう。

世の中に完璧な人はいないし、落ち込まない人もいない。

こうした事実を踏まえると、大事なのは、**「壊れるか壊れないか」ではなく、「壊れてももとに戻れる力があるかどうか」**なのです。

それは、ゴムのように弾力があり、落としても壊れない。力が加わるとその力を使ってはねかえるバネのような心です。

「落ち込んでも大丈夫。私は必ず回復できる」

そう思えることで、失敗を恐れずに挑戦することもできるでしょう。

強さだけを追求するのではなく、壊れたときの修復方法を知っているほうが、はるかに安心です。

ストレス社会の現代で、私たちが目指すべきは、「決して壊れない強い心」ではなく、**「壊れてももとに戻れるしなやかな心」**なのです。

04 レジリエンスは「コップの水」と同じ

「しなやかな心＝レジリエンス」ということはわかってもらえたはずです。

では、ここからは、レジリエンスが増減する仕組みを考えていきましょう。

大前提として、私たちには誰でも立ち直ろうとするエネルギー、つまり「レジリエンス」が蓄えられています。

あなたの心をコップにたとえると、「レジリエンス」はコップの中にある水のようなもの。

多さ少なさは個人差がありますが、誰にでもあるものです。

「レジリエンス」（コップの水）が意味するものは、「目標に向かって頑張ろうとするモチベーション」だったり、「あきらめない気持ち」「夢や希望」「知識や経験」など、さまざまなものがあります。

「レジリエンス」が増減するしくみ

・夢や目標がある
・厳しい上司にほめられた etc

‖

レジリエンスが増える

コップ＝自分の心
コップの中身＝メンタルの強さ

「レジリエンス」の特徴

・「夢」「希望」「知識」「頑張った経験」などで増える
・外からの刺激やストレスで減る

この「レジリエンス」は、いつも一定ではなく、増えたり、減ったりします。「絶対にこの仕事を成功させるんだ」という強い目的がある人は、簡単にはへこたれません。これは、目的がその人のレジリエンスを強めているからです。

また、過去の挫折を乗り越えた経験がある人は、その経験がレジリエンスを高めることになります。成功体験や頑張った経験、勉強して得た知識も、そこからくる自信がレジリエンスを高めます。

一方で、ストレスを感じたり、イヤなことがあったりすると、レジリエンスは下がります。人間関係がうまくいかなかったり、仕事でトラブルが発生したり、人に対する妬みや怒り、自信喪失などさまざまな刺激が心を揺さぶります。

コップがグラグラ揺れるときの振動をイメージしてください。

揺れが大きいと、コップの水（レジリエンス）が、こぼれてなくなっていきます。これが、心が折れてしまう仕組みです。

いつまでもひきずって立ち上がれないのは、心の中にためていた「レジリエンス」が減ってしまったということです。

「レジリエンス」が増減するしくみ

・人間関係がうまくいかない
・仕事でトラブルが発生する etc

||

レジリエンスが減る

揺れが大きいとコップの水がこぼれてしまう。
心が折れてしまう。

05 ストレスや困難からあなたを守る、「クッション」の存在とは？

外からの刺激にはいろいろなものがあります。

予期しない災害や経済環境の変化などは、自分の力だけではどうしようもありません。

しかし、1人で乗り越えることが難しい課題や試練も多々あります。

しかし、こうした状況においても、あなたを支えてくれる存在があります。それが、上司や同僚、顧客、家族や仲間、コミュニティーなどの存在です。

助けてくれる人が誰もいない孤立無援の状態なのか、サポートしてくれる存在をたくさん持っているのかで、レジリエンスの強さは違ってきます。

支えてくれる存在は「クッション」となり、あなたのレジリエンスを守ります。

相談に乗ってもらえる上司、仕事を手伝ってくれる同僚、励ましてくれる家族、一緒に楽しい時間を過ごせる仲間など、信頼関係がクッションとなります。

「レジリエンス」を守るしくみ

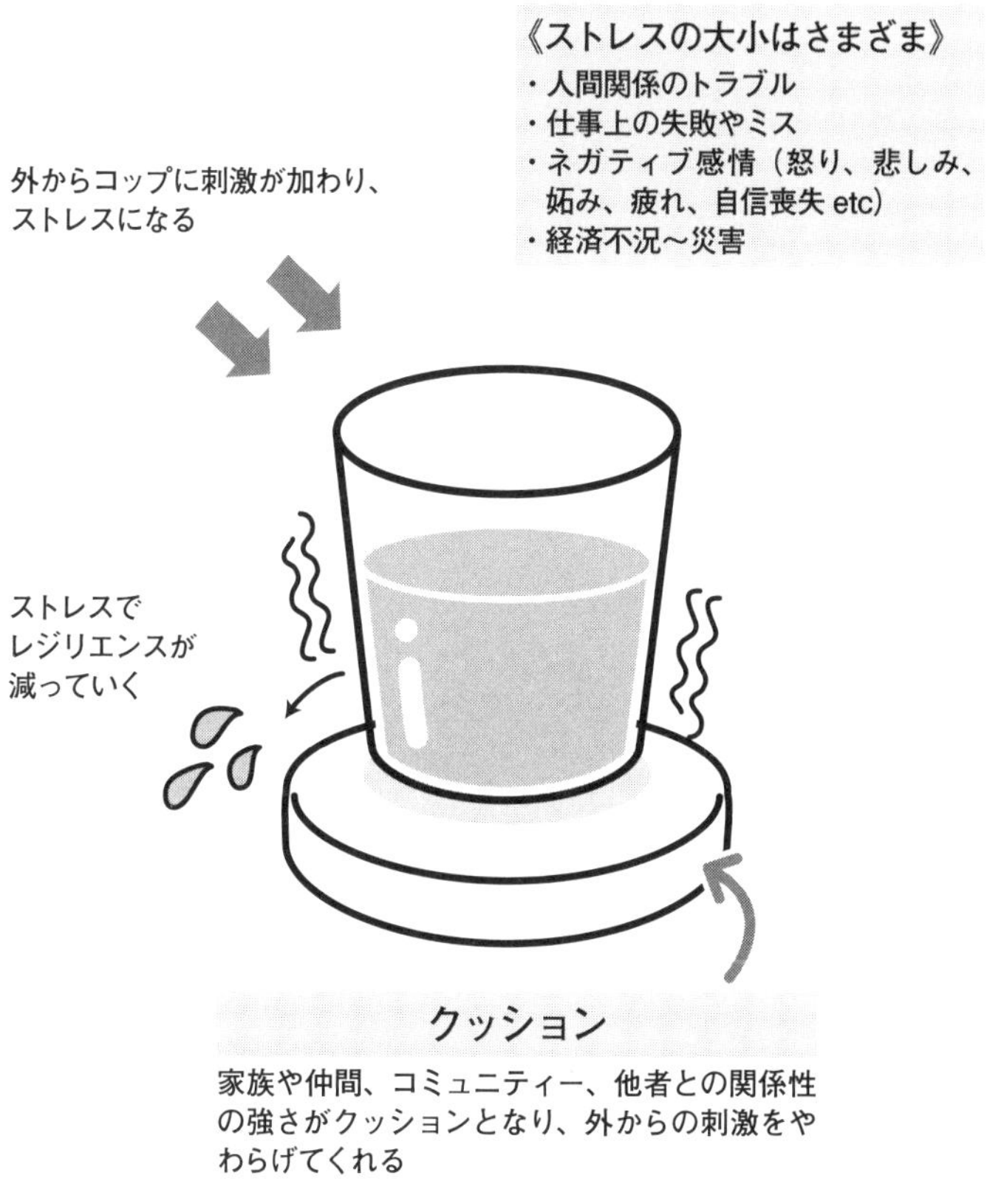
《ストレスの大小はさまざま》
・人間関係のトラブル
・仕事上の失敗やミス
・ネガティブ感情（怒り、悲しみ、妬み、疲れ、自信喪失 etc）
・経済不況〜災害
外からコップに刺激が加わり、ストレスになる
ストレスでレジリエンスが減っていく
クッション
家族や仲間、コミュニティー、他者との関係性の強さがクッションとなり、外からの刺激をやわらげてくれる

⑥「レジリエンス」を維持する考え方

では、レジリエンス（コップの水）はどのように維持していけばいいのでしょうか。それは次の５つです。

①水をたくさん入れる
②こぼれた水をコップに戻す
③「クッション」を厚くする
④ストレス耐性をつける
⑤ストレスの原因を減らす

ポイントは、コップの水を増やすことと、減らさないこと。

コップの水が枯渇すると心は折れてしまいますので、その前に、コップを揺らす振動を止める、または、コップの水をつぎ足す必要があります。

「コップの振動を止める」には、ストレスに自分自身が強くなること、ストレスがあっても大丈夫なように、支えてくれるクッションを厚くすることがあります。**「コップの水をつぎ足す」**には、いったんコップの外に出てしまった水を、もとに戻す方法があります。失敗も、そこから学んで新たな知識とすることで、再びコップに戻されます。

いまの夢や目標を再確認して、より強いものにすることでも、コップの水は増えていきます。

レジリエンスを高める具体的な方法は、第3章で詳しく説明しますが、ここではレジリエンスを維持する考え方について、1つひとつ説明していきます。

〈①水をたくさん入れる〉

コップの水（レジリエンス）は、思考や行動の活力の源です。

それは、「目標に向かって頑張ろうとするモチベーション」「あきらめない気持ち」「夢や希望」「知識や経験」など、さまざまなものがあります。

失敗をひきずって前に進めないときは、積極的に知識を吸収したり、夢や希望をふくらませたりすることです。 楽しい経験、うれしい経験なども、心の栄養となり、コップの水を増やすことになります。

自分を大切に思える自尊感情も、レジリエンスにつながります。

誰かの役に立つことをやってみる、過去の頑張った経験を思い出すことで、「自分だったら大丈夫」「まだまだ頑張れる」と思えれば、レジリエンスは上がっていきます。

「レジリエンス」を維持する5つの考え方

① 水をたくさん入れる

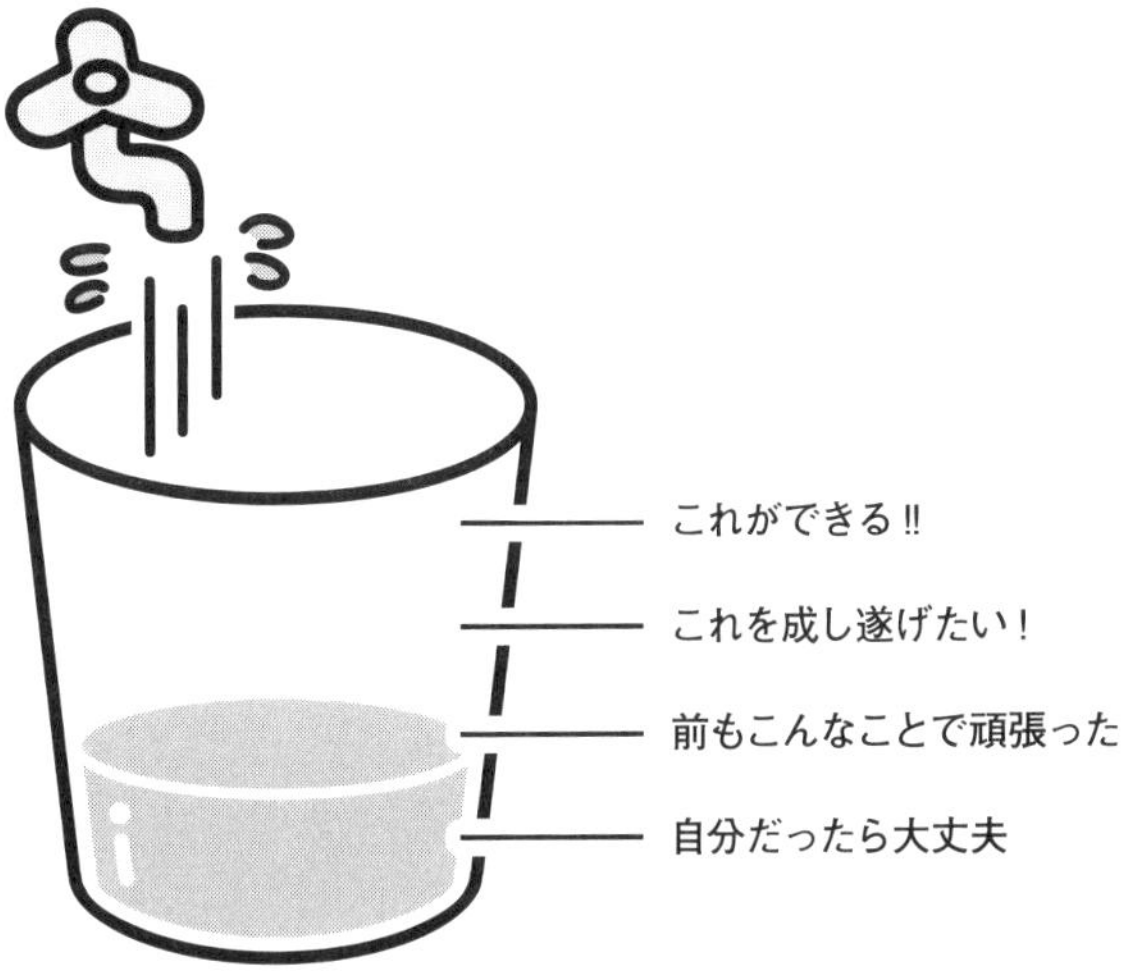
これができる‼
これを成し遂げたい！
前もこんなことで頑張った
自分だったら大丈夫

失敗をひきずって進めないときは夢や希望をふくらませたり、うれしい経験を増やすようにする

〈②こぼれた水をコップに戻す〉

強い刺激を受けて心が揺らぐと、コップの水はこぼれてしまいます。こぼれた水は、失敗によって失われた自信かもしれません。

もとに戻すには、その失敗した経験から学んで、「教訓」に変えることです。

「その失敗から自分は何を学べたのか？」
「失敗したけど、できたこともある。それは何か？」
「次にうまくやるには、どうすればよいか？」

この質問から何か得るものがあれば、失われた自信は、違う形となってコップに戻っていきます。良くないのは、こぼれたままにしておくこと。

効率よくレジリエンスを上げるには、失敗を活用するほうが早道です。

「レジリエンス」を維持する5つの考え方

② こぼれた水をコップに戻す

その失敗から何を学べたのか？
失敗だけでなく、
必ずできたことは何か？
次こそ今回の経験を
教訓にしてやろう

失敗や挫折を「教訓」に変えることで、前向きの力となってレジリエンスが増やせる

〈③「クッション」を厚くする〉

クッションを厚くすればするほど、ストレスは伝わりにくくなります。

クッションを厚くする信頼できる人間関係があると、何かあったときにサポートをしてもらえます。困ったときに、役に立つ情報をもらえたり、手伝ってもらえたりするだけでなく、精神的なサポートにもなります。

自分の頑張りを見てくれる存在、この人のために頑張ろうと思える存在も、じつは立派なクッションなのです。

また、「クッションを厚くする」という行為は助け合いでもあります。

なぜなら、**「自分から助けを求めること」が、人とつながるチャンスになるから**です。これは逆を言えば、「誰かを助けること」も、人とつながるチャンスといえます。自分も相手のクッションとなることで、より強い絆をつくっていけるのです。

「レジリエンス」を維持する5つの考え方

③「クッション」を厚くする

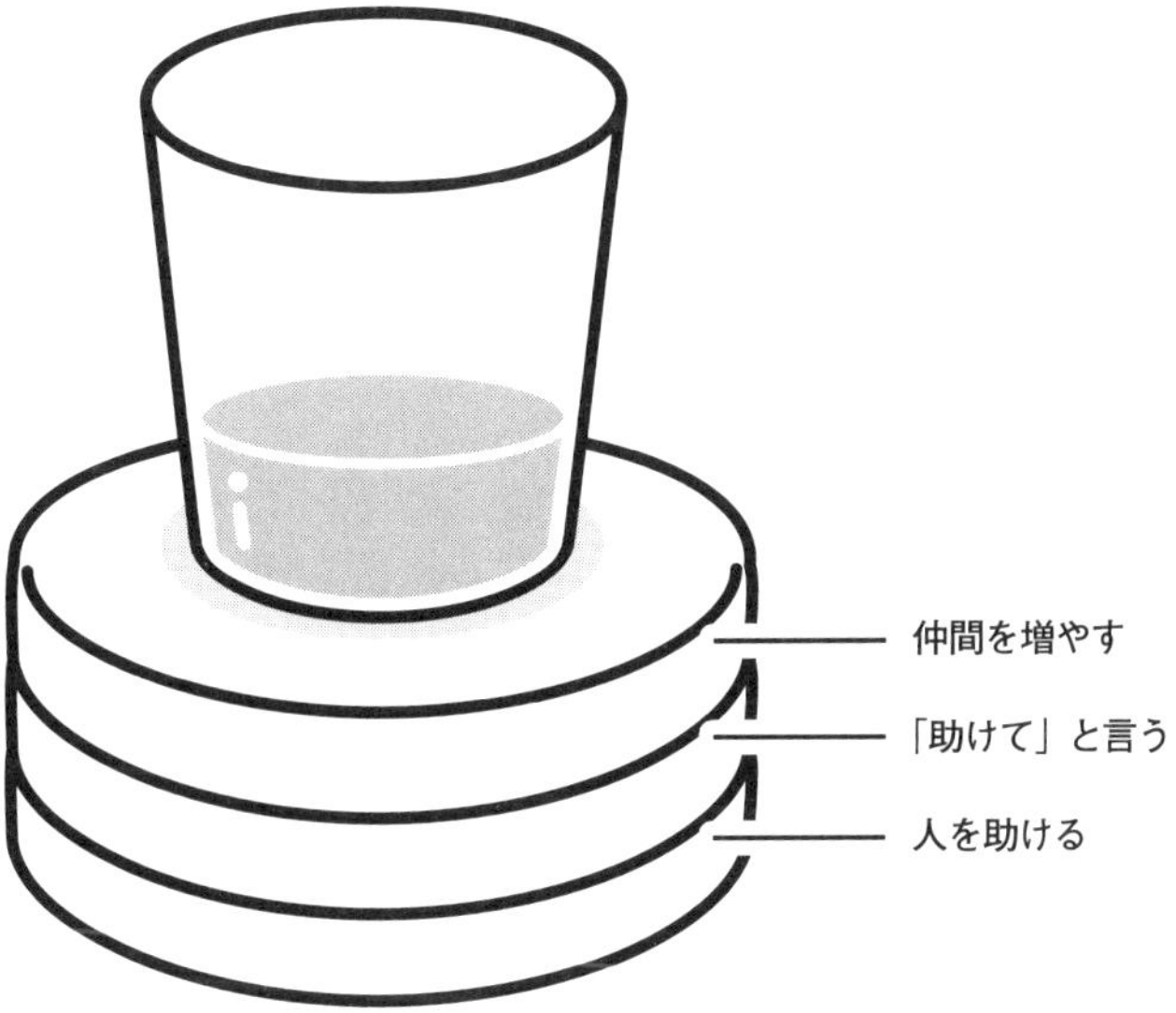

人とのつながりを強くすれば、強くしたぶんだけ、レジリエンスが高まる

東日本大震災で被災した、気仙沼の店舗がまさにそうでした。

100年以上の老舗蔵元「男山本店」は震災によって大きな被害を受けました。店舗は津波で流され、従業員の中には津波で家や家族を失った人もいました。

かろうじて高台の酒蔵は無事でしたが、ライフラインが途絶えており、社長は「酒造りを続けてよいのか」と何度も迷いました。

一時は、お酒を廃棄することも覚悟されたといいます。

しかし、「お酒を造ってほしい」という地域の願いがあり、水と電力を分けてもらうことで、なんとか出荷にこぎつけることができました。


「地域の雇用を守るため」

「気仙沼の存在を発信するため」


そんな大きな目的に向かい、この蔵元は突き進みました。

若い杜氏《とじ》を中心にこれまで一度もやったことのない夏場の仕込みを始め、震災前より出荷量を増やしました。

温度管理の厳しい夏場の仕込みから技術を磨き、ついには美味しいお酒に与えられる賞を受賞するまでに回復したのです。

震災で失ったものは、計り知れないものがありました。

受けたストレスは相当なものだったでしょう。

でも、「自分と同じように被災した人たちを助けよう」「地域の復興に役に立とう」という思いが、やる気を取り戻させ、周りからの支援を得て立ち上がるまでに至ったのです。

コップに水が入ってくる状態になったことで「レジリエンス」が高まり、社長を支えるクッションもどんどん厚くなっていきました。震災によって、一時は空っぽになった「レジリエンス」を取り戻すことができたわけです。

〈④ストレス耐性をつける〉

ストレスはコップを揺らす振動です。揺れが大きいと水がたくさんこぼれるため、揺れを小さくするために、ストレスに対する抵抗力（ストレス耐性）を上げます。

ストレス耐性を上げる基本は、自分のストレスのもとになっているネガティブ感情を良く知って、コントロールすることです。ストレスフルな状態でも、忍耐力や持続力があることから、レジリエンスが上がります。

また、自分のストレスは他人にはわかりにくいため、自分自身で気づくことが大切です。ストレスを感じたらストレス解消法を実行し、ためない工夫も必要です。

たとえば、〝仕事人間〟より趣味を楽しんでいる人のほうが、ストレス解消がうまかったりします。それは趣味に熱中することで引き起こされるネガティブ感情をいったん忘れ、頭を切り替えることができるからです。

趣味は、ネガティブ感情を減らす方法の１つです。

「レジリエンス」を維持する5つの考え方

④ ストレス耐性をつける

ストレスが大きいと振動が強くなり、
水がたくさんこぼれる

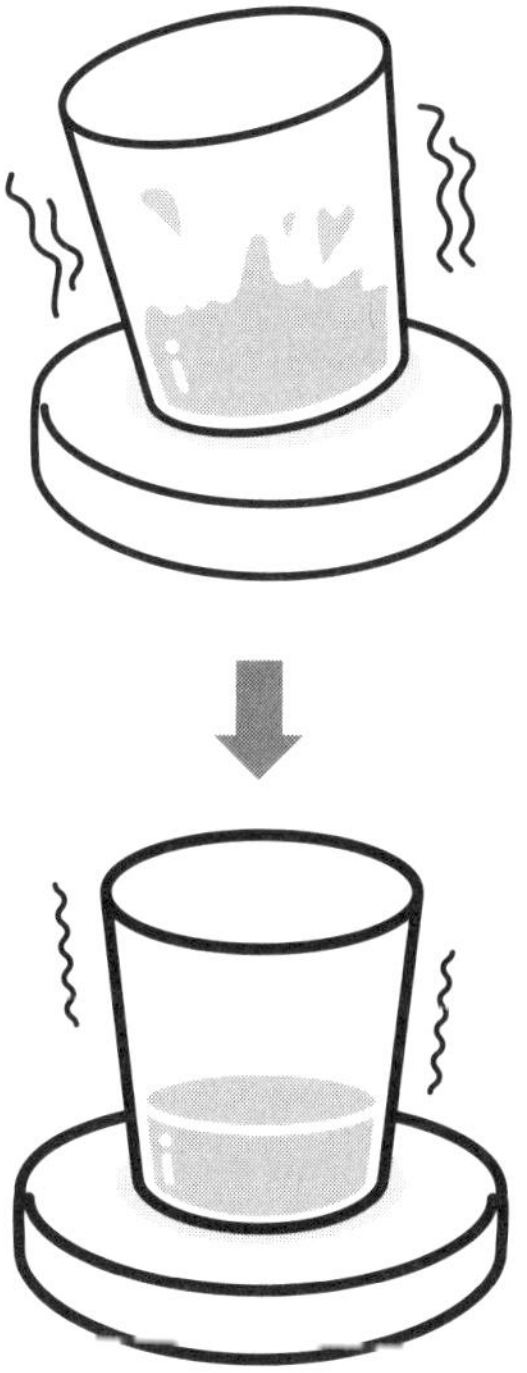

ストレス解消法を実行し、振動をやわらげる
工夫が大切

〈⑤ストレスの原因を減らす〉

コップを揺らす振動（ストレス）の原因を取り除きます。

ストレスを感じる状態が続くと、いつかはコップの水がなくなってしまう危険があります。

まずは、④の方法でストレス解消をしたり、ストレス耐性をあげる努力をしてみますが、それでも、ストレスを軽減できなければ、思い切ってストレスを生み出す環境から離れるのもいいでしょう。

人間関係がストレスになっている場合、相手に対して行動をおこし、改善がみられないなら、その相手から離れてみるのです（転職、別居、離婚など）。

ただし、ストレスを感じるたびに、環境を変えていると居場所がなくなってしまうリスクもあります。ケースバイケースですが、まずは①～④を試してみて、ほかに方法がないときに⑤を実行するのが理想です。

「レジリエンス」を維持する5つの考え方

⑤ ストレスの原因を減らす

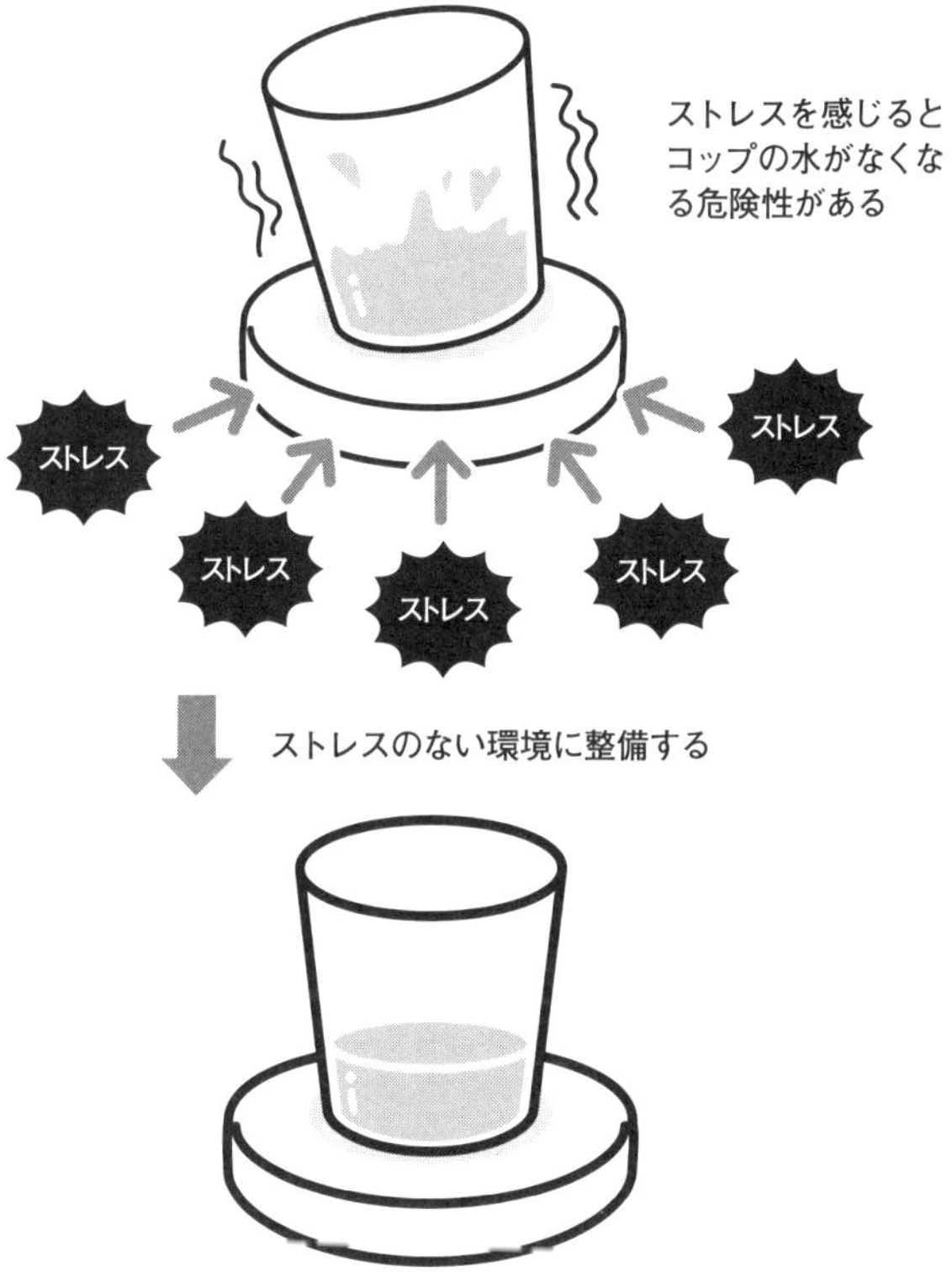
ストレスを感じると
コップの水がなくな
る危険性がある
ストレス
ストレス
ストレス
ストレス
ストレス
ストレス
ストレスのない環境に整備する

ストレスの原因をなくす。①〜④を試してほかに方法がないときに⑤を実行する

07 コップが倒れてしまったときの対処法

ここまで「レジリエンス」を維持する5つの方法を示しました。

とはいえ、人生には「レジリエンス」を上げたところで受け止めきれないこともあります。それが「災害や愛する人の死」です。

人は受け止めきれないほどのストレスがあった場合、「レジリエンス」がいっぺんに失われてしまうことがあります。

私の知人でご主人を病気で亡くされた女性経営者がいました。

お葬式を終えたあと、数カ月間はほとんど外出もできず、ベッドから起き上がれない状態が続きました。ビジネスの場で強いリーダーシップを発揮し、修羅場を乗り越えてきた女性でしたが、最愛の人の突然の死はとうてい受け止められるものではなかったのでしょう。

親しい人や大切なものを失った場合、人は激しいショック状態や感覚鈍麻に陥ります。そして、次のような段階を経て、回復をしていきます。

【精神状態の変化】

(1)ショック、感覚鈍麻、茫然自失
(2)事実の否認
(3)怒り
(4)起こりえないことを夢想し、願う
(5)後悔、自責
(6)事実に直面し、落ち込み、悲しむ
(7)事実を受け入れる
(8)再適応

出典：日本DMOT研究会編 家族（遺族）支援マニュアル

あまりに強い衝撃が加わると、コップの水がすべてこぼれてしまうように、立ち上がる気力が一時的になくなってしまうのは、珍しいことではありません。

心が完全に折れてしまったときは、①〜⑤の方法で「レジリエンス」を回復させることは難しいでしょう。

その場合は、**自分一人で抱えこまないこと。**

カウンセリングを受ける、医療の力を借りる、周囲に支えてもらうなど、**自分以外の人の力を借りることをためらわない**でください。

小さなコップから始めて、少しずつ「レジリエンス」を増やしていくのです。

いきなりもと通りの「レジリエンス」を期待してはいけません。

気弱になって、すぐに心が折れてしまっても、仕方がないこと。

周りの助けを借りながら、少しずつコップを大きくしていって、「レジリエンス」が増えるように努力するしかないのです。

そういうときのためにも、家族や友人など、普段から自分を支えてくれる人と良い関係を構築しておくことが大切なのです。

急激なストレスがあった場合

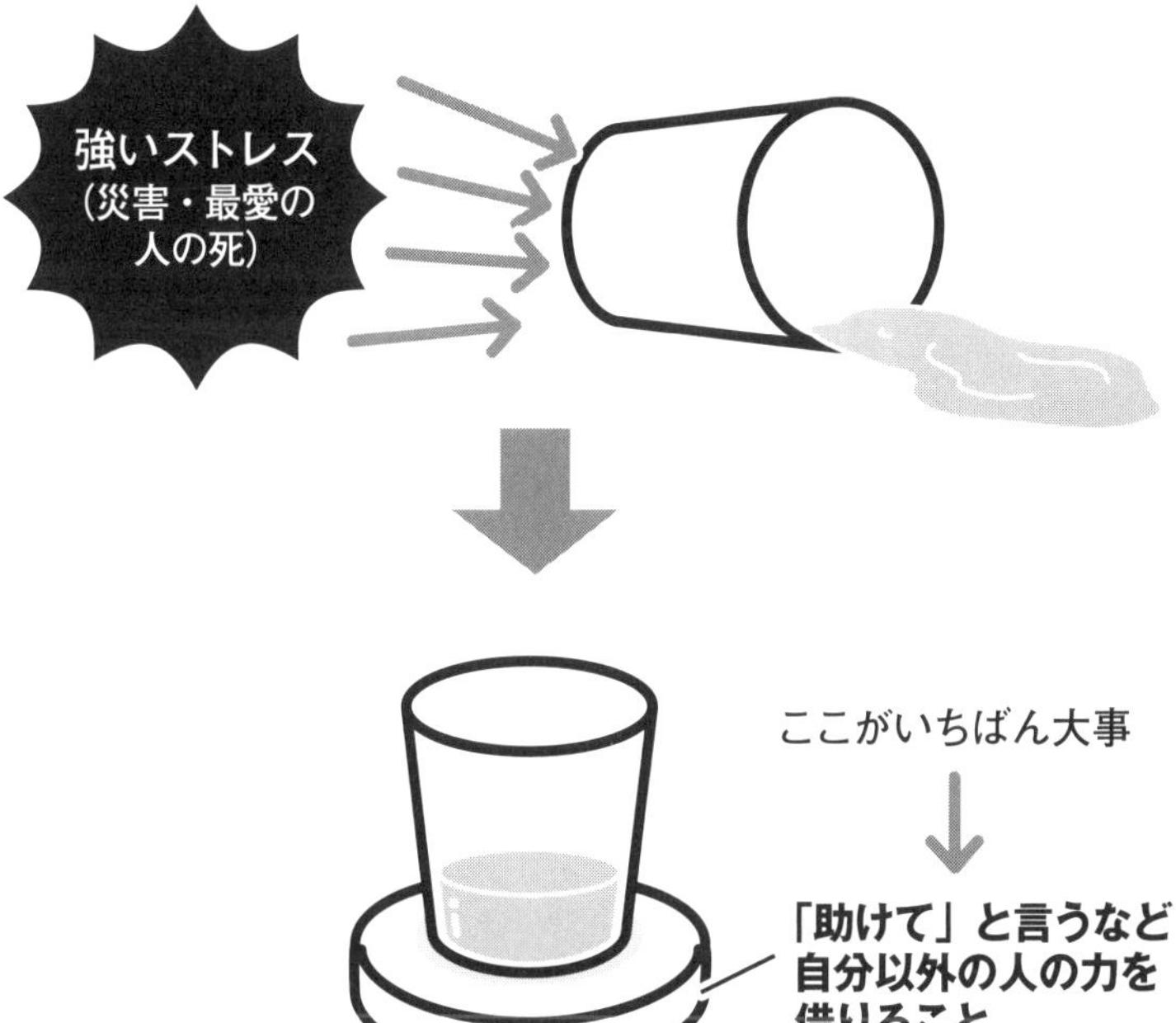

周囲の力を借りてもとに戻すときは、小さなコップから再び「レジリエンス」を増やす

Column 02

「心の声を聞く」

ある管理職の男性は責任感が強く、話す内容は仕事の課題や反省ばかりでした。「～するべきだ」「なんとかしなくては」「もっと」が口癖で、自分を追い込んで奮い立たせている、自分の本音にフタをして考えないようにしている感じでした。

心と身体は1つなので、一致していないと苦しくなります。結局、この方は体調をくずして長期休養されました。強い言葉と裏腹に心が悲鳴をあげていたのかもしれません。

休養明けの電話で、彼が発した第一声は、「じつは、会社を辞めてカフェを始めます」でした。

「家族もいるし、不安もあるけど、やりたいことがあるっていいですね」

休養中、心のフタを開いて自分の本音に向き合われたのでしょう。

「〇月頃オープンしたい」

「こんなふうにしたい」

自然とこれからの目標や希望が出てきます。

使う言葉はMUST（～ねばならない）からWANT（～したい）に変化し、自分の人生に主体的に関わろうとしている感じがしました。

人にはいろいろな強みが備わっています。

いまの状態に違和感があったら、そのままひきずるのではなく、思い切って行動してみるのも方法です。大事なのは「失敗しないこと」ではなく、「後悔しないこと」です。

MUSTでする苦労とWANTでする苦労では、受けるストレスも違ってきます。自分の気持ちに向き合って、人生を切り拓いてほしいと思います。

第3章

自分らしく「レジリエンス」を鍛える

01 あなたはどの状態？ 自分の特徴を知る

ひきずらない技術は、「レジリエンス」を鍛えることで、誰にでも身につけることができます。

さらに、自分の「レジリエンス」の特徴を知っておくと、それに合わせて鍛えられるので効果的です。

同じような挫折を経験した場合でも、人によって落ち込み方、乗り越え方が違うように、**人はそれぞれ「レジリエンス」のタイプが違うのです。**

たとえば、周囲から孤立するとめげてしまう。こういう人は仲間のサポートがあると立ち直るのが早くなります。孤立することは平気でも目標がないとめげてしまう。そういう人には、明確な目標を示すことで、頑張れるようになります。

このように**心が折れるポイント、弱点、立ち直り方は人によって違います。**自分の特徴に合った鍛え方をする必要があるのです。

４つの要素の相関関係

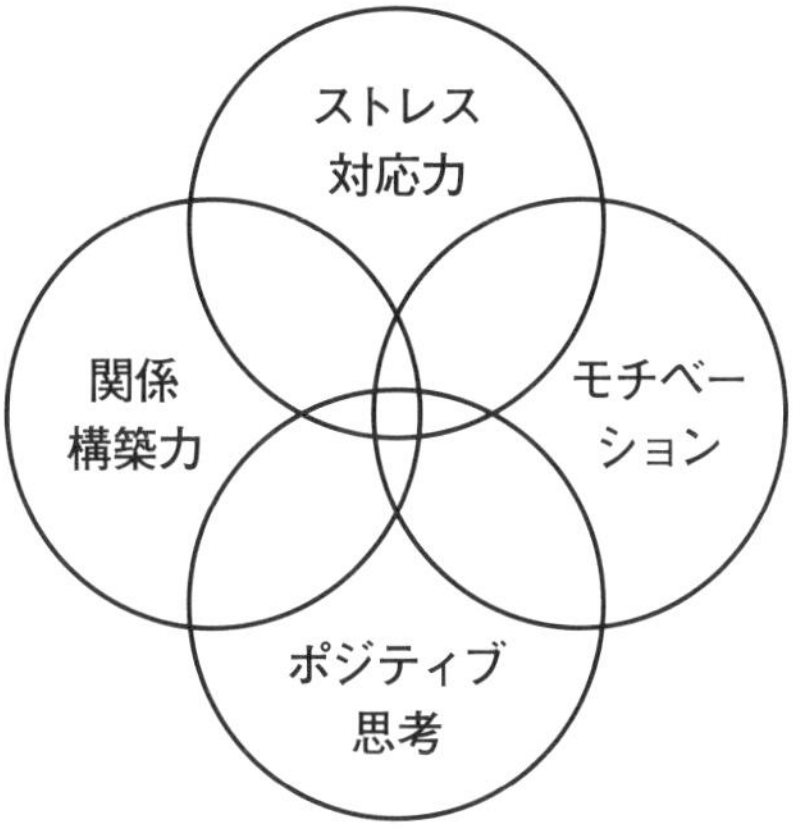

４つの輪の重なりが多いほどレジリエンスは強い

では、「レジリエンス」には、いったいどんな特徴があるのでしょうか。それは次の４つの要素の強弱で表されます。

①ポジティブ思考（楽観性）
②モチベーション（目標・自尊感情）
③関係構築力（共感力・他者貢献）
④ストレス対応力（強いメンタル）

これらの要素は互いに影響し合っており、それぞれの強弱や重なりあった部分のバランスが、その人の「レジリエンスの特徴」となります。

たとえば、「ストレス対応力」と「ポジティブ思考」は重なっている部分もあります。円の重なり部分が多いほどレジリエンスは高いことになります。

左ページの「簡易レジリエンス診断」で自分の特徴がわかりますので、ぜひチェックしてみてください。

4つの要素の点数があなたのレジリエンスの特徴です。要素の強弱がわかることで、どのように鍛えていくかを知るきっかけにできます。

診断の結果は、そのときの心の状態で多少変わります。

第2章でレジリンスをコップの水にたとえたように、良いことがあったあとと失敗が重なったときでは、心の状態は違ってくるのは当然のことです。

レジリエンスは、あなた自身が持っている個性でもあり、人と比べて気にするものではありません。レジリエンスの鍛え方は、低いところを鍛えるのがオススメですが、高いところをさらに鍛えてみるのも間違いではありません。

自分に合った鍛え方をしてみてください。

簡易レジリエンス診断

	12	11	10	9	8	7	6	5	4	3	2	1	
合計	誰にでも良いところがあると思う	困ったときは他人の助けを借りることも躊躇しない	私は打たれ強いほうだ。落ち込んでも立ち直りが早い	遊び心があり、深刻な状況のなかでも楽しいことを見つけられる	人と自分を比べないほうだ。短所も含め自分を受け入れることができる	イヤなことがあっても、自分の感情をコントロールすることができる	困難な状況に直面しても、最後はうまくいくと思える	一度決めたことは、粘り強く実行するほうだ	人の気持ちが良くわかる	人にあまり先入観を持たないで、いろいろなタイプと付き合うことができる	新しいことに挑戦するのが好きな方だ	感情に流されず、問題の真の原因を明らかにすることが得意だ	
													A
													B
													C
													D

上記の質問に対して、白抜き欄に当てはまる数字を記入してください。

5：常に当てはまる　4：時々あてはまる　3：どちらでもない　2：あまりあてはまらない　1：まったく当てはまらない

横軸で合計を計算し、4つのレジリエンス要素の強弱を確認します。

A：ポジティブ思考　B：モチベーション　C：関係構築力　D：ストレス対応力

02 「ポジティブ思考」を鍛える 物事の良い面に注目する

では、各タイプの鍛え方をみていきましょう。

まず**「ポジティブ思考」**です。

ポジティブ思考が苦手な人は、物事の悪い面ばかりを見がちです。メリットよりデメリット、長所より短所、できたことよりできなかったことに思考が偏りがちなので、見方を変えるトレーニングをします。

たとえば、「良いこと日記」をつけて、今日あった「良いこと」を最低3つ探します。どんなに小さなことでも構いません。

「今日は天気が良かった」

「今日は電車に座れて良かった」

「昼食に食べたパスタが美味しかった」

どうしても思いつかなければ、「平和な日本に生まれて良かった」「今日も無事に過ごせた」でもいいと思います。

普段から「良いこと」を見つけようとすることで、自分が恵まれていると思え、感謝の気持ちが生まれ、まだまだ頑張れそうな気になります。どん底にあっても、希望を見い出す手がかりになります。

逆にネガティブ思考は、選択肢や可能性を狭めてしまいます。

ネガティブ思考になりがちな場合は、意識してマイナス言葉を使わないようにしましょう。

「難しい」「無理」「疲れた」などのマイナス言葉を使うと、脳が反応してアドレナリンの分泌を抑えます。アドレナリンは活力のもとになるホルモンですから、これが出ないとやる気が起きなくなります。

しかし、プラス言葉を使うと変わります。

難しい仕事でも「面白そう」「やりがいがある」と言ううちに、プラスのイメージが脳にインプットされ、アドレナリンが分泌されやすくなります。脳が喜んで働こうとします。

ある調査結果では、「難しい」「大変だ」「面倒だ」というマイナスの言葉を頻繁に使っている人はミスが多く、「大丈夫」「できる」「チャレンジだ」というプラスの言葉を使っている人はミスが減り、生産性も上がったといいます。

私のクライアントでも、マイナス言葉を禁止したところ組織内の雰囲気が良くなり、仕事のパフォーマンスが上がったという例がありました。

自分が言ったマイナス言葉は周りにも聞かれています。

隣の人のパフォーマンスも下げないよう、気を付けましょう。

また、ポジティブ思考を鍛えるのに、「短所を長所に言い換える」というのがあります。短所は別の見方をすれば長所にもなります。たとえば、

- 「へこみやすい」→「感受性が強い」
- 「ズケズケものを言いすぎる」→「自分の考えを持っている」
- 「物事をマイナスに考える」→「慎重に判断する」

ある組織で、自分の欠点をカミングアウトして、周りの人が長所に言い換えたところ、気になっていた欠点が強みに思え、仕事に対する積極性が高まったという結果があります。「欠点」ではなく「長所」を見ることは、人を成長させていくことにもつながるのです。

03 「モチベーションの持続力」を鍛える 自分の強みを知る

2つめは「モチベーションの持続」です。

モチベーションを持続する効果的な方法は、将来の目標や夢を持つことです。目標や夢が明確であるほど、モチベーションも強く持続できます。

しかし、なかには、何を目標にしたらいいかわからないことがあります。そんなときは、「もし、いま何でもできるとしたら何がしたいか」と自分に質問してみます。制約から自由になると、やりたいことが見えてくるかもしれません。

過去に夢中になったこと、うまくいったことを思い出すと、それがやりたいことだったりします。

自分の強みを使うことも、モチベーションの持続に役立ちます。何かに熱中しているとき、無意識に身体が動いてラクにこなせてしまうとき、あなたの強みが使われています。

強みを使うと、失敗することも少なく、人よりうまくできることも多いです。モチベーションも上がり、少しくらいの困難があっても続けられます。

一方で、弱い資質を使っていると、苦痛や不安があります。頑張っても結果が思わしくないと、モチベーションは上がりませんよね。

読書が好きな人は本から知識を吸収し、話すのが好きな人は、話しながら知識を吸収します。問題が起こったとき、原因を探るのが得意な人と解決するのが得意な人に分かれるのは、強みが異なるからです。それぞれに、その人の強みがあり、それを使うことでモチベーションは上がるのです。

強みを知る一環として、私の研修では自分の取扱説明書を作成してもらいます。「得意なこと」「苦手なこと」「私をこんなふうに扱ってください」と書かれた説明書を作成し、みんなでシェアします。

「人と話すのが好きです」「数字を扱うのが苦手です」と書かれていれば、「ああ、この人はデスクワークより接客のほうがいいのかな」と気づきます。

説明書に書かれていない、本人が気づいてない強みは、お互いに伝え合います。たとえば、「新しいことにも積極的ですね」と言われれば、「そういえば、好奇心が強いほうかも」と、自分の強みに気づくことができます。

お互いに持っている強みや弱みが整理でき、理解が深まることで、困難を乗り越えやすくなります。

自分の強みを知って活かすこと、将来の夢や達成したい目標を持つことは、モチベーションを維持するために必要です。

強みを使ってモチベーションを上げたり、困難があっても目標によってモチベーションを維持していくようにしましょう。

04 「他者との関係構築力」を鍛える

相手のことから考える

3つめは、**「他者との関係構築」**です。

他者とのより良い関係を築くために、共感力を鍛えます。

相手の話を言葉だけでなく、「話しているときの表情や声のトーンも含めて理解する練習」と「自分の気持ちをきちんと伝える練習」を並行して行います。

自分がいつも我慢する状態（受け身）や、一方的に自分の意見を通す状態（攻撃的）状態では、良い関係を築くことはできません。

お互いの立場や気持ちを尊重したコミュニケーションが大切です。

このような会話を「アサーティブな会話」といい良好な関係構築には必要です。

たとえば上司から急な仕事を依頼されて、あなたがそれを受けられないとき、どう応えるか考えてみます。

①「できません。いま忙しいので無理です」と一方的に返す
②できないけど無理して「はい、わかりました」と受けてしまう
③「今日は無理ですが、明日ならできます」と、お互いの状況を考えてみる

上司の「仕事を頼みたい」という気持ちに共感し、自分の「今日は無理だ」という状況もきちんと伝え、「明日ならできる」というお互いにとって最適な提案をしているのは③だけです。

これが「アサーティブな会話」です。

ポイントは**イエスかノーかではなく、お互いに合意できる選択肢を探す努力をすること**です。

こうした会話ができると、我慢して無理な仕事を引き受けることもなく、一方的に断って相手に不快感を持たれることもないので、いい関係が築けます。

人間関係の基本は、相手の思いに共感して、自分ができる貢献をすることです。**あなたが助けてあげると、相手もあなたを助けやすくなります。**小さな親切やボランティア活動によって自己効力感も高まるのです。

相手と距離を縮める訓練としては、「共通点を見つけること」があります。相手との間に共通点があると、自然と距離が縮まってきます。

私が知り合いの大学の先生から聞いた話です。

ゼミに人付き合いが苦手な女子学生がいたそうです。彼女はゼミ生の誰とも口をきかず、いつも一人離れたところにいるので、先生も気になっていました。そこである日、ゼミ生のみんなで「私はこんなことが得意です」「こんなことが好きです」という自己紹介のペーパーを交換し合ったそうです。

すると、いつもひとりぼっちだったその女子学生と、ゼミの中でも比較的活発な女子学生が偶然にも『ハリーポッター』の大ファンだったことが判明したのです。2人の話は盛り上がり、以来仲良しになったそうです。

相手と自分の共通点を見つけることを意識して習慣化していくと、人間関係を構築するうえで強力な取っ掛かりになります。

05 「ストレス対応力」を鍛える 自分の感情を知る

レジリエンスを鍛えるうえで最も大切なのが、「ストレス対応力」です。

「ストレス対応力」とは、ネガティブ感情がわきあがってきたときに、その感情をコントロールして心が揺らがないようにする力です。

失敗をいつまでもクヨクヨひきずったり、挫折で心が折れてしまったり、物事をひきずりやすい人のほとんどは「ストレス対応力」が弱いといえます。

では、いったいどのようにして「ストレス対応力」を鍛えればいいのでしょうか。

まずは「自分の感情を知ること」です。

自分が何にストレスを感じて、どんなネガティブ感情を抱いているのか。そのことを先に突き止めなければいけません。

厚生労働省の調査によれば、働いている人の6割がストレスを抱えており、その数は年々増えています。心の健康（メンタルヘルス）は誰もが取り組まなくてはいけない課題となっています。

心の健康問題が現れる原因として多いのは、次のとおりです。

①本人の性格の問題　67・7％
②職場の人間関係　58・4％
③仕事の量、負荷の増大　38・2％
④仕事の責任の増大　31・7％

（出典：独立行政法人労働政策研究・研修機構）

「本人の性格の問題」が最も多いということは、すなわち、**ストレスは個人の受け止め方次第**ともいえます。つまり、**ネガティブ感情の受け止め方を変えることができれば、ストレスはコントロールできるといえます。**

そしてネガティブ感情の特徴がわかれば、感情的になるのを予防したり、やわらげたり、コントロールできるようになります。起きてしまったネガティブ感情をプラスに転換して利用したり、ストレスを抱えている人をサポートできるようになればベストです。

「ストレス対応力」を鍛える方法はとくに重要なので、次章にて詳しく解説します。

Column 03

「高いチャレンジで自分を変える」

いまの自分を変えたい、行動を起こす勇気がほしいと思っている場合、何でも良いので、難易度の高いチャレンジをオススメします。うまくいく確率は50%、真剣にやればできるくらいのチャレンジです。

私は、人材育成に関する仕事がしたいと思い、IBMを辞めました。50歳を前に、この先どんなふうに働きたいのか、やり残したことはないかと考えたとき、漠然と、システムではなく、人に関わりたいと感じていたからです。

一度きりの人生だから、後悔しないように生きてみたいと思ったものの、ズルズルと時間ばかり過ぎた頃、突然、「フルマラソンでも走ろうか」と思い立ちました。運動らしいことは何もやっていなかった私にとって、フルマラソンは、かなり高い目標です。しかも本番まで3カ月しかありません。とても無謀な行動でしたが、これで何かが変わるかなという自分に対する期待もありました。

結果は大成功でした。

初めてのフルマラソンは想像した以上に苦しい経験でしたが、完走したことで、私の中に変化がありました。

「支えてくれた人に感謝し、つまずいても大丈夫、苦しくてもあきらめなければ何とかなる」。そんな自信が生まれ、ほどなくして、起業することになりました。

あのとき、フルマラソンへのチャレンジがなかったら、私の「ひきずり」はもっと長びいていたと思います。

チャレンジの途中には弱い自分に向き合うこともあるでしょう。

でも、やり遂げることで得られる感覚があり、見える景色も違ってきます。

その経験こそ、自分を変える勇気となります。

第4章

「ストレス対応力」は 4つのステップで鍛えられる

01 ステップ①「ネガティブ感情を受け入れる」

ひきずってしまういちばんの原因は、「ストレス対応力」が弱いから。
これは裏を返せば、「ストレス対応力」を鍛えることが、ひきずらないための
いちばんの方法といえます。基本的には次のステップで進めていきますが、どの
段階でストレスが解消できるかはその人の感じ方によって違います。

ステップ1「ネガティブ感情を受け入れる」
ステップ2「思い込みを見直す」
ステップ3「肯定的な意味づけをする」
ステップ4「脳に良いレッテルを貼っていく」

まずは、ステップ1「ネガティブ感情を受け入れる」から始めましょう。

ネガティブ感情を放置すると、心理的に落ち込むだけではなく、食欲低下や不眠などの身体的不調、生産性の低下やミスなどの行動面にも影響が出て、ますますストレスを増幅させる原因となります。

ネガティブ感情がたまって、「イライラして眠れない」「心配事があって作業がはかどらない」とならないように、まずは自分の心の状態に向き合います。

ネガティブ感情は1つではなく、いくつもの感情が混ざりあっています。たとえば、「上司からの指示にストレスを感じた」という場合、次のようなネガティブ感情が考えられます。

・上司の言い方がきつい　↓　怒り、嫌悪感、悲しい、傷ついた
・私の苦手な仕事だった　↓　不安、疲労感、やりたくない
・ほかの人はラクな仕事だ↓　不満、不公平感、羨望

基本は、心の中で絡みあうモヤモヤをじっくりと紐解いて受け止めること。

喜怒哀楽があるのが人間です。ネガティブ感情がまったくない人はいませんから、**否定しないで受け止めることが大切です。**

しっかり感じることで、ストレスが消えてしまうこともあります。

ネガティブ感情はいつも同じではなく、時間がたつと変化します。最初は、「不安」「緊張」だったものが、徐々に「イライラ」「焦燥感」になり、「抑うつ感」「無力感」「自責感」に変わると要注意です。

ストレスレベルが上がっている可能性があります。

自分の心の中は、他人には見えにくいうえに、ストレスの感じ方も人それぞれです。まずは、自分でしっかりとネガティブ感情を受け止めることからケアが始まります。

左図は毎員電車の中で感じるストレスの例です。

ストレスも慣れてくるとストレス耐性が上がり、感じなくなっていきます。いつまでも残るようでしたら注意が必要です。

電車の中で感じるストレス

No	どんなときにストレスを感じるか？	そのときのネガティブ感情
1	混んでいてなかなか座れない	不満、疲労感 （座れた人に対して羨望）
2	あとから来た人に横から席を取られた	怒り、不公平感
3	高齢者が立っている、優先席に若者が座って寝ている	（若者に対して）怒り、軽蔑 （高齢者に対して）心配
4	満員電車でリュックを背負ったまま乗り込んでいる	迷惑、軽蔑（マナーを知らない）
5	電車が大幅に遅れている、復旧の見込みが立たない	心配、疲労感、あきらめ感

02 ストレス解消の方法を探そう

ネガティブ感情がわかったら、その感情を解消できるかやってみましょう。

「上司にイラっとした」「お客さんからのクレームでへこんだ」なども意外と早く解消できるかもしれません。電車の中で感じるネガティブ感情も、窓の外の景色を眺めたり、音楽を聞いたり、本を読んだりと工夫次第で解消できるでしょう。

ほかにもさまざまなストレス解消法があります。

・腹式呼吸（お腹からゆっくり吸って、ゆっくり吐く。吐くときにネガティブ感情を外に出すイメージで）

・エクササイズ（ジョギング、水泳などの有酸素運動を行うことで、心身の安定をはかるセロトニンが分泌される）

・集中してできる作業や趣味（作業に没頭することでイヤなことを忘れる。料理や楽器の演奏、カラオケなど）

ネガティブ感情に気づいたら、そうしたものを一度試してみてください。

大切なのは、**心に蓄えた「レジリエンス」の量が減らないようにすること**です。

ネガティブ感情を少なくしたり、なくす工夫はおおいに価値があります。

03 ステップ②「思い込みを見直す」

自分のネガティブ感情がわかったら、なぜそう感じるかを考えてみます。

感情の多くは「思い込み」から生まれます。

目や耳から入るさまざまな情報は、「思い込み」というフィルターを通して認知され、感じとられます。「思い込み」とはその人の固定観念や価値観のことで、過去の経験や知識などでつくられています。

「思い込み」によってつくられた思考パターンや行動パターンが役立つこともありますが、いつも正しいとは限りません。


過去に失敗を経験した人は、同じような状況に遭遇すると、

「今回も無理だ」「自分にはできない」

というネガティブ感情が生まれ、行動に移すのをためらいます。

失敗の経験が「思い込み」としてプログラミングされているからです。

その「思い込み」が正しければ、行動に移さないことで失敗を重ねることを回避できますが、もし、間違っていればチャンスを逃すことになります。

つまり、**「思い込み」が必要のないネガティブ感情を抱かせている場合もある**というわけです。どんな「思い込み」があるか例を示します。

【刺激】		【思い込み】		【ネガティブ感情】
・友人に無視された	↓	「友人は無視しないはず」	↓	嫌われている
・相手が約束を守らない	↓	「約束は守るべき」	↓	許せない
・先輩に注意された	↓	「私は悪くない」	↓	ひどい

「思い込み」は、過去の経験がつくりだしているので、あなたにとって役に立つ大切なものです。

しかし、頑固な「思い込み」はストレスの原因にもなるので、本当に正しいか、間違っていないかを見直す柔軟さが必要なのです。

ストレスと感情の間にあるもの

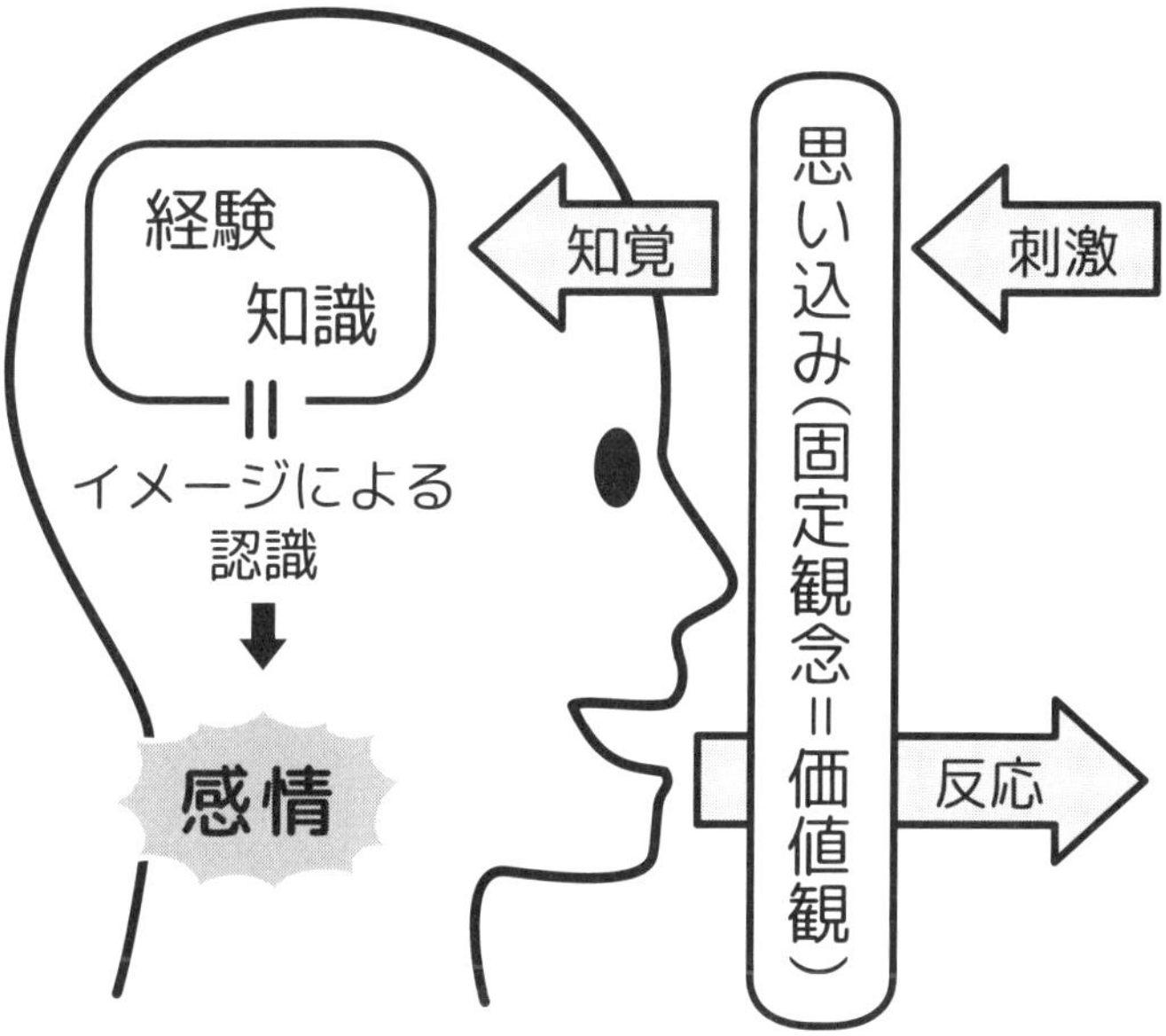

ストレス以外の、「思い込み」による行動パターンもあげてみます。

受験勉強を一生懸命やってきた人の中には、仕事の指示をすると、「事例はありませんか」「マニュアルはありますか」と聞いてくることがあります。

しかし、仕事はマニュアル通りにできるものもあれば、そうでないものもあります。

むしろ、いまはマニュアルがない仕事に取り組むほうが多いです。

そんなとき、「マニュアルがないと難しいですね」とチャレンジを避けてしまうのは、過去問とその正解がなければ動けないというある種の「思い込み」のなせる業です。


また、これまでに失敗や挫折を経験せずにきた人は、過去の成功体験をひきずっているため、その成功パターンでしか動けない「思い込み」があって消極的になってしまうことがあります。一度失敗すると、ショックでなかなか立ち上がれないのも、「思い込み」が要因になっているといえるのです。

04 自分自身に問いただそう

では、「思い込み」をどう扱えば良いのでしょうか。

ポイントは、ネガティブ感情を感じたら自分に問い直してみることです。

「思い込み」とは、一事が万事そうだと決めつけてしまう心の動きです。

「今日はちょっと都合が悪い」と言われただけで、全否定されたようにとらえてしまい、「いつも断られる」「必ず断られる」と思い込んでしまっているのです。


たとえば、私のクライアントに、「営業に行くと、いつも断られる。自分は営業に向いていない」という人がいます。そこでその方に、

「いつもそうなんですか？」

「いつもって、何回くらいですか？」

と聞くと、「2回断られました」と言います。

そこで、「2回しか断られていないんですね。じゃあそんなに悪くないじゃないですか」と話すと、ハッとなり、ようやく自分の思い込みに気づいてくれます。

断られたことをひきずってしまうと、2回が100回くらいに感じてしまいます。「自分はダメなんだ」と拡大解釈して、行動をやめてしまうのです。

これは自らの可能性を否定することになるので、もったいない限りです。

また、**いつも自分が悪いと思う「思い込み」や、悪いのは相手だと思う他責の「思い込み」もあります。**

知人の娘さんに他責の強い「思い込み」を持つ女子生徒がいました。

中学受験に失敗して、不本意な私立中学に入学してしまったため、最初は学校に失望して、不満を抱えていました。

・「こんな学校にいても未来はない」→「学校で未来が決まる」
・「こんなにレベルが低い授業を受けたくない」→「授業でしか勉強ができない」
・「恥ずかしくて自分の学校の名前を人前で言えない」→「学校名で評価される」

でも、あるとき学校や先生のせいにしても、何も変わらないと気づきました。自分で勉強しようと塾に通い始めたところ、そこでライバルを見つけ、がぜんやる気が芽生えたようです。

「あんな学校に入ったことで、将来をあきらめたくない。絶対現役で医学部に入ってやる！」

そう決意すると、その言葉通り、医学部に現役合格しました。

環境のせいにしたり、人のせいにしたりせず、自分の可能性をとことん伸ばしていくことで、見事に「思い込み」によるひきずりを乗り越えられたのです。

「人は自分が見たいようにしか見えない」と言います。

ひきずっているときは、当たり前のことを疑ってみると、そこに突破口がみつかるかもしれません。

05 〝心のブレーキ〟を踏もう

思い込みを見直せば、ネガティブ感情の暴走を止めることができます。

たとえば、上司が理不尽なことを言うので、自分はもうこんな会社にいたくない、仕事をするのもイヤになったとします。そういうときは、「上司が理不尽なことを言う」という「思い込み」を見直してみます。

・「本当に理不尽か？」→「納得できる点もある」
・「いつも理不尽なのか？」→「いつもではない」
・「なぜ腹が立つのか？」→「面倒な仕事を指示するからだ」
・「上司の指示は許せないことか？」→「あの立場だと当然かもしれない」
・「その仕事は絶対やれないことなのか？」→「教えてもらえばやれる」
・「やらないとどうなるのか？」→「成長できない。会社を変わっても同じ」

心の中のつぶやきを疑う

思い込みのタイプ	ネガティブ感情	心の中のつぶやき
相手が悪い	怒り、不満	むこうが悪い、私は悪くない
自分が悪い	罪悪感、羞恥心	申し訳ない、恥ずかしい
自分は役に立たない	劣等感、無力感、悲哀	どうせ私なんて、私には無理
うまくいかない	憂うつ、不安、恐れ	失敗したらどうしよう、またダメだ
関心がない	疲労感、脱力感	どうでもいい、私には関係ない、別に……、ふつう
正しくないといけない（正義感）	嫌悪、憤慨、嫉妬	不公平だ、許せない、当然～するべきだ

ポイントは、**自分が「いつも」「絶対」「正しい」「～のはずだ」と思うことが本当に今回も正しいのか、見直してみること**です。

ちょうど〝心のブレーキ〟を踏むようなイメージです。

「イヤだ、イヤだ、イヤだ」とネガティブ感情を暴走させても、何もいいことはありません。なぜイヤだと思うのか、「イヤだ」と思う根拠となった「思い込み」について、「それは本当に正しいのか」と見直してみるのです。

それだけでも、心の暴走にブレーキがかかります。

06 ステップ③「ネガティブ感情」に肯定的な意味づけをする

ステップ3は、「起きたことに対して肯定的な見方を探す」です。

ネガティブ感情をいったん横に置き、問題に視点を変えてみるのです。

自分にとってプラスになることはないか、肯定的にその状況をとらえてみます。感情を切り離して、ストレスの原因となった状況を冷静に見るために、傍観者となってみます。他人事だと思って自分にアドバイスするのです。

もう1人の自分をイメージしても、尊敬する先輩をイメージしても、会ったことのない有名人でもいいです。他人の視点で見ることで、深刻にならず、気楽に状況をとらえられます。

たとえば、「やりたくない仕事を上司から依頼された」場合、尊敬する先輩ならどう思うでしょうか。

「上司も困ってるんだな」

「自分は期待をかけられているのかな」

「断ると後悔するかな」

「どこがいちばん難しいかな」

「会社にとってどのくらい重要な仕事かな」

「やり遂げたら何が手に入るかな」


傍観者になるといっても考えるのは自分自身です。

感情的にならず、冷静に状況をみて、視点を広げます。

その結果、上司との関係性、自分の将来、仕事の難易度、業務への影響などが問題として浮かびあがってきました。あとは、問題に視点を移すことで、具体的に次にどうするかを考えていきます。


ポイントはどんなことにも肯定的な見方が必ずある、と信じることです。

07 前に進むために考える

そもそもネガティブ感情には、自分が大切にしている価値観、良い資質、起こすべき正しい行動などが隠されています。ステップ1で「ネガティブ感情を否定しないでほしい」と言ったのは、ネガティブ感情の裏側に肯定的な意味も含まれているからです。

プロジェクトが失敗したとき、「悔しい」「悲しい」「辛い」と思うのは、そのプロジェクトが自分にとって重要だったからです。重要でなければネガティブ感情は起こりません。この経験をどう活かすかを考えていきます。

たとえば時間に厳しい人は、「時間を守る」という良い資質を持っています。
彼らは、約束の時間より早めに行動するため、平気で時間に遅れてくるルーズな人に対して、イライラしてしまいます。

この場合、ストレスを避けたいからといって、自分の良い資質を抑えてしまう必要はありません。**良い資質は残したまま、この状況が自分にとってプラスにできないか**考えてみます。

遅れた相手にイライラするのではなく、「何か事情があったのかもしれない」「自分の伝え方が悪かったのではないか」などと、ほかの見方をしてみます。

すると、自分と相手の違いを学ぶ機会にすることができます。

たとえば、初めての海外出張を前に、不安や恐さを感じたら、それは準備不足をあらわすサインかもしれません。しっかり準備をして不安を払拭します。

ネガティブ感情に肯定的な意味づけをすることで自分に役立つ何かをプラスしていきます。

08 ステップ④「脳に良いレッテルを貼っていく」

最後のステップは、「脳に良いレッテルを貼っていく」です。

ここまでやってきて、まだストレスを感じている場合、自分からストレスのある状況を変えるために行動しなければいけません。

ポイントは、**どんな小さなことでも行動に移すこと。**

そのときに**脳が喜ぶ感情のレッテルを貼ると効果的です。**

なぜなら、**人の感情はパフォーマンスに大きく影響するから**です。

私たちは目や耳から情報をインプットします。

脳で「受け取り」→「感じ」→「理解し」→「考えて」→「記憶」します。

このとき脳にとって好きな情報だと一連のサイクルが活発になり、嫌いな情報だと鈍くなります。つまり、**好きか嫌いかという感情で脳のパフォーマンスは左右されるの**です。

脳のしくみを知る

ふむ ふむ
うん うん
人は情報を見たり、聞いたりしながら
瞬間的に好き・嫌いのレッテルを貼っている
《好き》
《嫌い》
面白そう
できる!
難しい
無理だ
思考が活発に
回っている状態
思考が活発に
回っていない状態

では、「脳に良いレッテルを貼る」にはどうすればよいでしょうか。

まずは行動することで得られる「いまより良い状況」「ストレスのない好ましい状態」を頭の中で描いてみることです。

もし、どう行動していいかわからなかったら、人に相談したり、人を巻き込むのも方法です。

「私一人では手に負えない。先輩に相談してみよう」

「ほかの人にも協力してもらおう」

など、人の手を借りてみます。

それでもダメなら、最終手段として環境を変えてもかまいません。

最後は逃げるという行動も悪いことではないのです。

09 マイナス言葉を使わない

レッテル貼りに有効なのが、マイナス言葉を使わないことです。

「疲れた」「面白くない」「嫌い」などのマイナス言葉を使うと、情報にマイナスのレッテルが貼られて脳のパフォーマンスが下がります。

自分だけではなく、周囲のパフォーマンスも下がってしまいます。

マイナス言葉を使いそうになったら、プラス言葉に言い換えてみましょう。

- 難しい→やりがいがある。チャレンジだ！
- 忙しい→充実している。実力発揮だ！
- 疲れた→まだまだ。もう少しだ！
- 無理→大丈夫、絶対できる。やってみよう！
- 嫌い→（仕事の場合）課題だ。（人の場合）個性的だな人によっては「ただの言葉遣いではないか」と思いがちですが、そうではありません。私のクライアントでも、マイナス言葉を禁止しただけで、劇的に業績が上がったところがあります。職場の雰囲気も変わるので、ぜひ試してください。

⑩「簡単カウンセリング」で思い込みを修正する

ステップ1〜4を行うことで、ストレス対応力が鍛えられ、「レジリエンス」が向上します。左記は職場や電車の中などスキマ時間を見つけてできる方法です。あわせて覚えておくといいでしょう。

① 深呼吸を3回する

まずは冷静になることが大切です。

ネガティブ感情をなくすためにゆっくりと深呼吸をしましょう。深呼吸をすることで頭がクリアになり、平常心で考えることができます。

② ネガティブ感情について考える

ネガティブ感情について「誰に」「どんなときに」「どんな場所で」「なぜそう感じているのか」を自問します。たとえば「Kさんが、会議のとき、みんなの前で私の意見を無視した。あの態度は失礼だ。自尊心を傷つけられた。許せない、自信をなくした、悲しい、がっかりした」など。

③ 傍観者になってその光景を眺めてみる

客観的になることで、自分の見方が変わります。

「Kさんだけ？　みんなもそうか？　いつもそうか？　今回だけ？　時間がなかったからだ。こういうことは以前にもあった」

④「思い込み」が正しいかどうかを自問自答する

思い込みかもしれない、と気持ちを少し柔軟にします。

「これって、私の考え過ぎ？　ただの被害妄想なんじゃない？」

⑤再び傍観者になって、肯定的な見方をする

再び客観的な考え方をすることで、否定はされていないことに気がつきます。

「Kさんは私の意見を無視したけど、もう時間がなかったし、私の意見も取るに足らないものだった。私のことを否定したわけではなかったんだ」

⑥「私はOK。問題ない。大丈夫」など何度かつぶやきます。

最後は、自分自身のネガティブ感情を落ち着かせるようにつぶやきます。反論したくなる気持ちが出てきても気にしないようにしましょう。

これだけでネガティブな「思い込み」は修正できます。

「思い込み」は心の偏りですから、ネガティブなまま放置すると、いつまでもひきずって前に進めなくなります。ネガティブな「思い込み」に気づいたら、この方法で心の偏りを修正してみてください。

思い込みを修正する簡単カウンセリング

① 深呼吸を３回する

② ネガティブ感情について考える

③ 傍観者になってその光景を眺める

④「思い込み」が正しいかどうかを自問自答する

⑤ 再び傍観者になって、肯定的な見方をする

⑥ 自己肯定する言葉を何度か言ってみる

Column 04

「時間を決める」

気になることがあるときは、グズグズしてしまいがちです。
会議や打ち合わせは、時間ギリギリに駆け込む、苦手な仕事は締切の間際に取り掛かる。どんなときも「イヤだな」「どうしよう」という気分をひきずっています。
しかし、ひきずっていても、事態が変わることはなく、たいていは時間だけが過ぎて、結果は思わしくないことがほとんどです。

そんなときは、行動するための時間を決めてみます。

私のクライアントに、午前9～11時を「チャレンジタイム」と決めて、苦手な業務に取り組む時間にしている会社があります。
緊急の仕事は別ですが、原則、この時間に会議はせず、一人で仕事に取り組みます。若手はわからないことを先輩や上司に聞ける時間であり、煩雑な事務処理や大切だけど急ぎではない仕事、自分の勉強に使う場合もあるそうです。

苦手な仕事は後回しになりがちですが、スキルアップして乗り越えられればラクです。「苦手」を自分にとってのチャレンジと捉え、取り組む時間を決めてしまうのも一案です。

この会社は、頭がスッキリした朝の時間を「チャレンジタイム」にすることで、残業時間が減り、ミスも減り、仕事のパフォーマンスが上がったそうです。
各自がそれぞれのチャレンジをすることで、学習する組織に変わりつつあります。

第5章

「ひきずり」状態から いますぐ抜け出す 12の方法

⓪①
やりたいことを10個考える

この章では、自分が「悪いひきずり」状態のとき、どうやって抜け出せるか、いますぐできる12の方法についてあげています。

いずれも実践的で、すぐにできることばかりです。自分がやりやすいものから始めてみましょう。

●ねらいは、うれしい体験を積み重ねること

まずは、やりたいことを10個考えてみます。そのときに思いついたこと、前から気になっていたことを思い出して書き出します。

そもそも、ひきずってしまうのは、コップの中にある「レジリエンス」が少なくなっているからです。コップに水を足すように、夢や目標を持って、「レジリエンス」を補っていく必要があります。

とはいえ、ひきずっている最中に、いきなり夢や目標を持てと言われても、なかなかできません。そこで最初は、小さな目標から始めていきます。

やりたいこと、好きなことを実行に移して、脳が喜ぶうれしい経験を積み重ねていくのです。

●やりたい内容は「ささいなこと」で構わない

ひきずっていると心がざわざわして、自分が楽しくなることや好きなことを考えられなくなっています。「やりたいこと10個なんて無理です」と、早くもあきらめてしまいそうになるでしょう。

でも、やりたいことは本当にささいなことでいいのです。

例をあげてみましょう。

・靴を買う（欲しい物を買う）
・映画を観る
・早く帰宅して家族と夕食をとる

・ウォーキングをする
・評判のレストランやショップに行ってみる
・読みたかった本を読む
・部屋を模様替えする
・日帰りで温泉に行く
・スポーツの試合を観戦する
・しばらく会ってなかった人に会う

やりたいこと10個は意外とでてくるものです。

達成したら次のやりたいことをリストに加えていきます。残業が続いて「疲れたな」と感じたとき、リストの中から1つ選んで実行してもいいでしょう。

小さな満足感で、元気を取り戻していきます。

やりたいことを10個あげる

脳が喜ぶうれしい経験を積み重ねていくことで、
小さな満足感が得られる

⑫「良いこと日記」をつける

●今日あった「3つの良いこと」は？

人は「悪いこと」は覚えていますが、「良いこと」は忘れがちです。

これは危険を回避する防御反応なので、仕方ありません。

でも、「悪いこと」ばかりに目が向いてしまうと、ますます気が滅入るという悪循環に陥ります。

そんなときは意識的に「良いこと日記」をつけてみましょう。

たとえば、「朝、部長に笑顔で挨拶できた」「デスクの上がきれいに整頓できた」「いつも混んでいる電車で座れた」など、小さなことでも書き出してみるのです。

3つ書き出したら、今度はなぜ良かったのか、原因を考えてみます。

【なぜ部長に笑顔で挨拶ができたのだろうか？】
・部長が好意的な態度を示してくれたからだ
・部長はいつも私に目をかけてくれている
・私に期待をしてくれているのだ。ありがたい

原因を突き詰めていくと、感謝の気持ちが生まれます。するとと小さな幸せを感じるでしょう。

これを一週間続けると、自然と良かったことを気に留めるようになります。いままでなら忘れていた小さな幸福も覚えておくようになるでしょう。

●長生きした修道女の「共通点」

「良いこと日記」に関しては、こんな興味深い報告もあります。

ノートルダム教育修道女会の修道女180人に関する分析報告です。

修道女は修道院で毎日同じ生活をしています。同じ時間に寝起きし、同じ食事をし、同じスケジュールで動くので、環境はみな同じです。

彼女たちの生涯を追跡した結果、若い頃から「今日はこんなに良いことがあった」「夕日が美しかった」「あの人に感謝したい」などとポジティブな言葉を綴った修道女は、長生きしたというのです。

反対に「こんなことをされて悔しかった」「もう我慢できない」などとネガティブな言葉が多かった修道女は早く亡くなっています。

両者の差は平均して10年になったといいます。

日常生活の中で「良いこと」を見つけられる人は、幸福感が高いので、抑うつ感がやわらいで、健康にも良い影響を与えるのです。

私はクライアントに、組織でも同じことを聞くようにオススメしています。

部下は毎日上司から、前日にあった「良いこと」を質問されるので、自然と、「良いこと」に注目するようになります。すると上司だけでなく、部下も幸福感が高まり、組織全体が良い雰囲気になります。

「良いこと日記」をつける

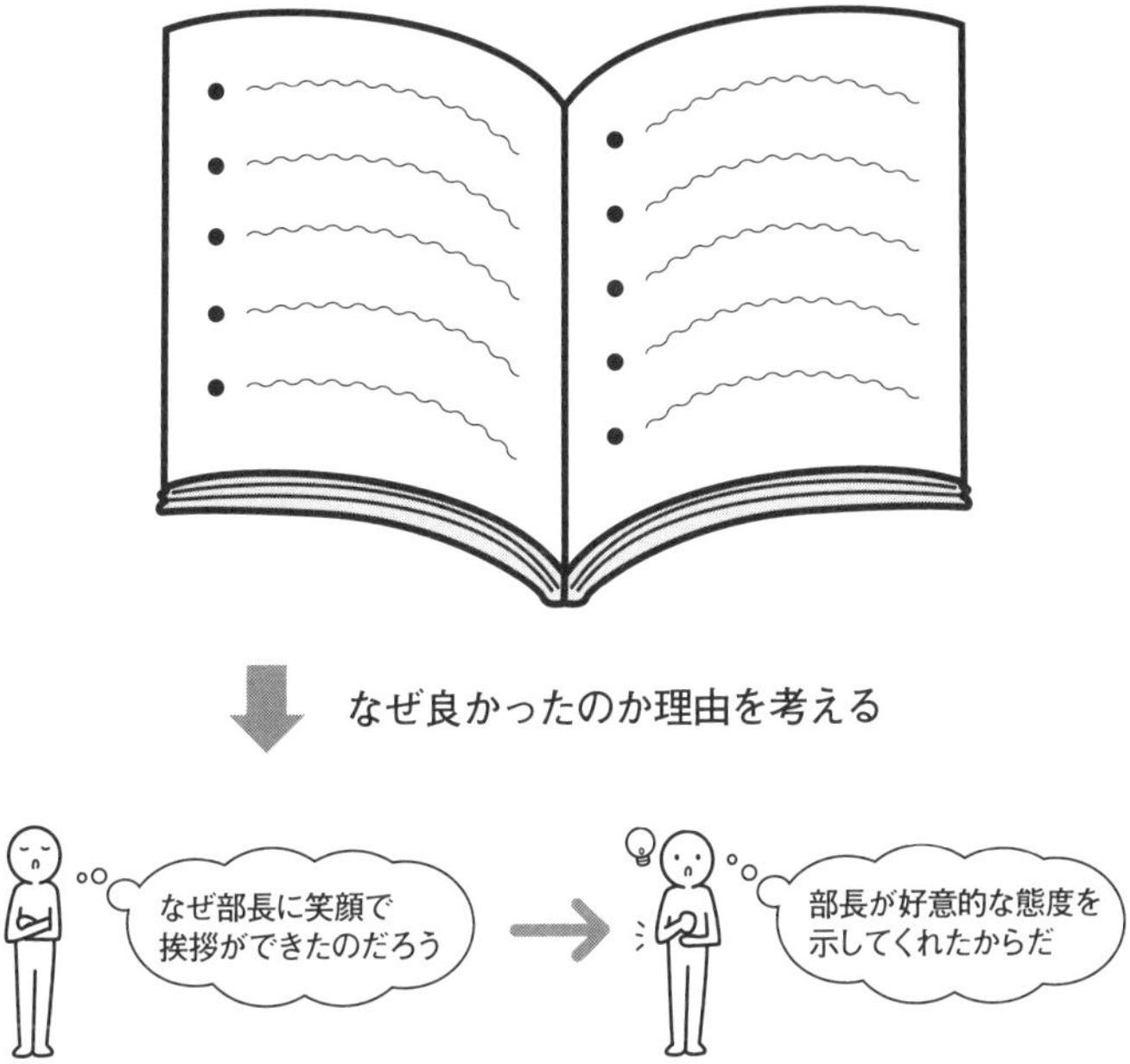

日常生活の中で「良いこと」を見つけられると幸福感が高まり、抑うつ感がやわらぐようになる

03 ちょっと近い未来から自分を眺める

●3年後の自分はいまをどう語りたいか？

私のクライアント先で、部下が不祥事を起こし、退職したことがありました。そのときの上司は不祥事を防ぎきれなかったことを悔やみ、自分を責めて立ち直れない状態でした。次のプロジェクトが始まっても、その事件をひきずって集中できていないように見えました。

そこで私は、「もし3年後の自分がここにいるとしたら、この経験をどう振り返りたいですか？　自分の好きなように語ってください」と聞いてみたのです。イメージをより強くするため、その上司は3年後、別の部署に異動していて、当時の出来事について講演する時間をもらった、と仮定しました。

すると、その上司は、「コンプライアンスが徹底されて組織が磐石になった」「業績も上がり自分も成長できた」というのです。事件は大変だったが、それがあったから、いまがあるのだと語りたい自分に気づいたのです。

理想の未来が描けると、「ひきずり」から脱却できるきっかけがつかめます。未来に近づくための道筋を描こうと考えるようになるのです。

しかし、全員が明るい未来を描けるわけではありません。

「3年後の話なんかしてもムダだ」
「きっと会社をやめている」
「失敗が尾を引いていまより悪くなっている」

などと、ネガティブな答えをする人もいるでしょう。そういうときは、自分自身に問いかけてみてください。

「本当にそうなりたいですか？」
「いまから3年間、ずっとその状態でいいんですか？」
「10年後のあなたは後悔していませんか？」

きっと、どんな人でも「それはイヤだな」と思うはずです。

自分で「イヤだ」という気持ちに気づいたら「では、どうしたいですか？」と聞くことで、前向きな気持ちになれるよう変えていくことができます。

●過去の経験を未来につなげてみる

野球の試合で、9回裏に一発逆転してヒーローになる人がいます。

それまでさんざんエラーをしたり、肝心なところで三振ばかりしていたのに、9回裏で逆転すると、「あのエラーは自分がヒーローになるために必要なことだった」と言うのです。

こういうメンタリティーの人は、「ひきずり」に強い人です。

どうしても明るい未来が描けないときは、同じような経験はないか、自分の過去を振り返ってみます。

苦労しながらも最後はうまくいった経験を思い出すと、困難な日々は成功するために必要だったと思えてきます。

たとえ、いまは苦労のど真ん中であっても、明るい未来に続いているはずです。

ちょっと近い未来から自分を眺める

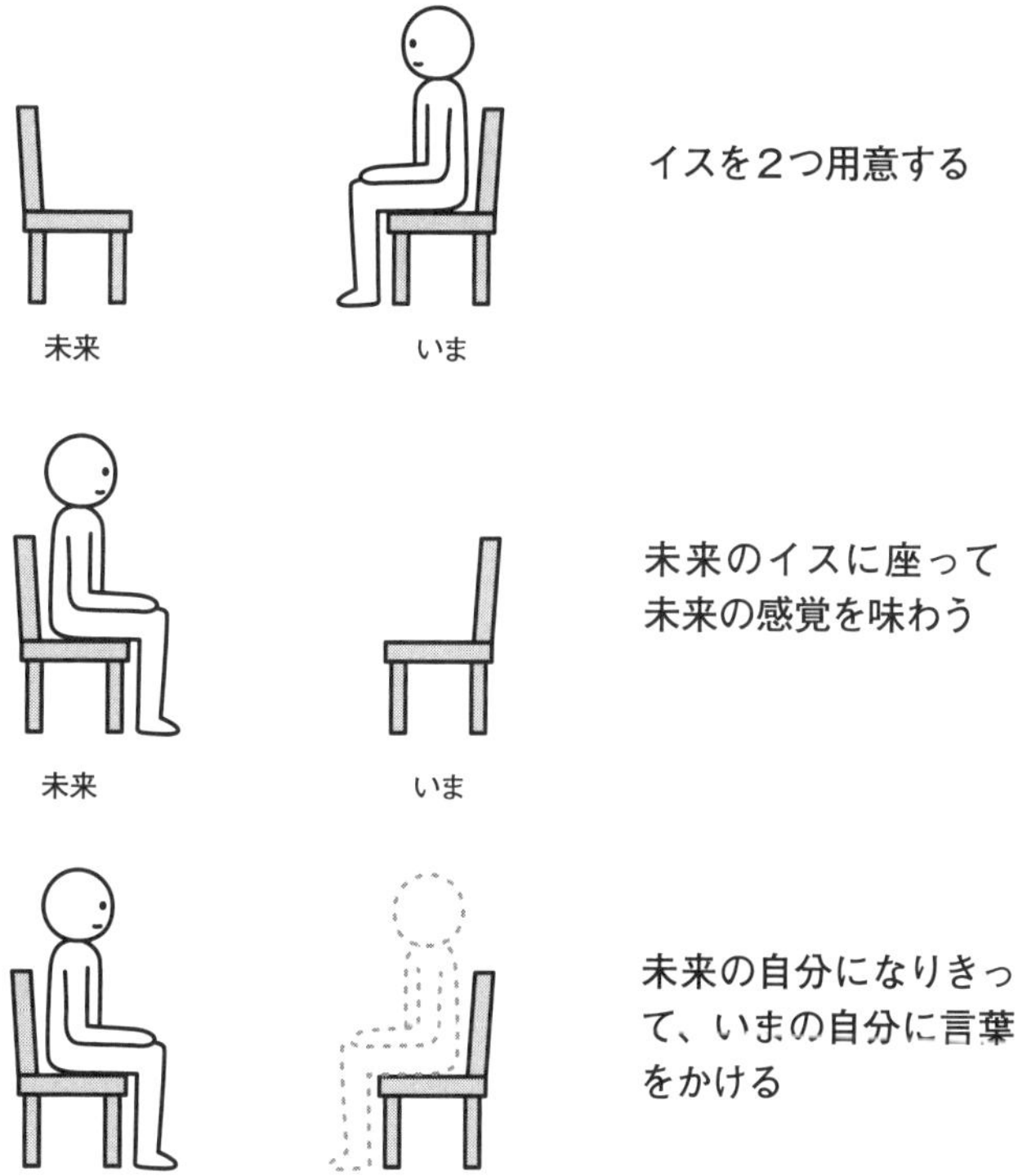

「いま」が苦労の連続だとしても、明るい未来に続いていることをイメージして考えるのが良い

04 立ち止まらない。とにかく行動する

●ひきずっている暇がないほど忙しくする

「悪いひきずり」にはまってしまったときは、とにかく動くことです。失敗やミスを恐れていては、いつまでも動けません。意識的に忙しく過ごす時間をつくることでひきずっている暇をなくしてしまうのです。

私は「ひきずり」から抜け出せない人に対して、「明日やること」「明日やりたいこと」を書いてもらうようにしています。

朝、出社することから始まって、「○○さんに電話する」「○○さんにメールする」「○○を調べる」などと思いつく限りの「やることリスト」を書き出します。最低15個は書き出してもらい、それを1つずつやってもらうのです。

消化率が低いときは、予定実施時刻も入れます。予定に、「失敗について考える」

という項目が入ってきても構いません。

ただ制限時間つきですから、いつまでもクヨクヨと考えることはできません。消化率を高めるコツは、すぐできることを中心に書くことです。

一日が終わったら、いくつできたか確認し、また翌日の予定を書き出します。

書き出す項目は、半分くらいは新しいものを追加するようにしましょう。「本を書く」などの大きな予定ではなく、「本を書くために何々を調べる」「誰々に会う」と細かいタスクに分解します。

細かい予定をどんどんこなしていけば、何個できたという達成感が自信を高めてくれます。実行することに頭が向くので、それを繰り返していくと、そのうちひきずっていたことを忘れてしまうのです。

●1009回も断られたカーネル・サンダースの教え

行動力のお手本としては、ケンタッキーフライドチキンの創始者、カーネル・サンダースの話が有名です。

彼がフライドチキンのレシピを抱えて全米を車で回ったのは、65歳のときでした。普通なら引退する年齢です。

当時はレシピを買って、フランチャイズ店になるという考え方がなく、１００９回も断られたといいます。

しかし、あきらめずに、行動し続けたことが成功への突破口を開いたのです。


ひきずりがちな人は、考えすぎて行動量が少ない傾向が見られます。

そんなときは、まず動いてみる、そして考える。

失敗をしたら、修正して、また動いてみる。

成功するまでひたすら行動してみるのです。ゲームには、誰かがつくった攻略本がありますが、自分の人生の攻略本は自分でつくるしかないのです。

それには、動きを止めないことが大切です。

頭で考えても答えは出ない。行動しながら考えることが「ひきずらない」ための近道といえるのです。

とにかく行動する

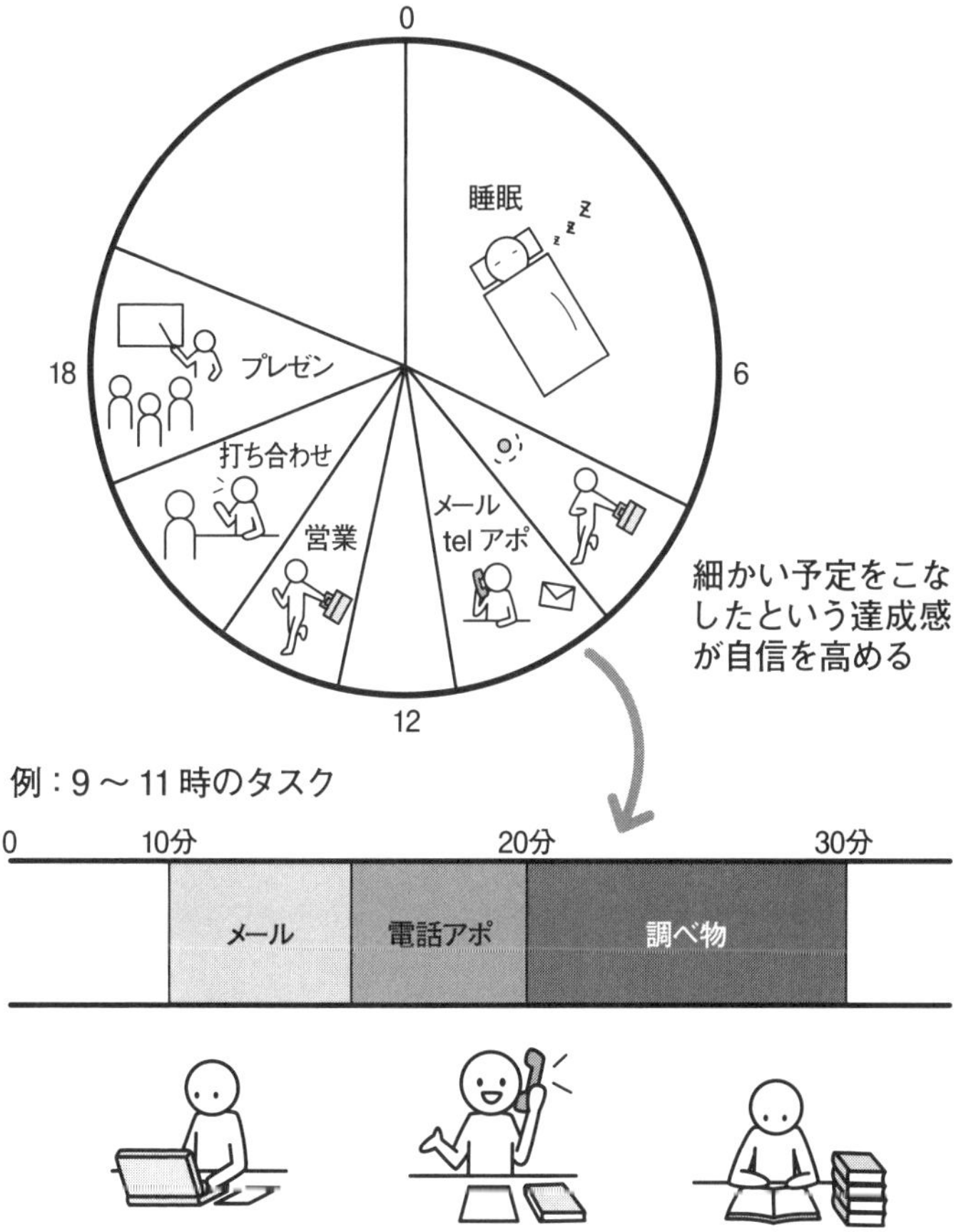

意識的に忙しくすることで、ひきずる暇をなくすようにすることが大事

05 良い面を見ようとする

●「失敗は成功の母」で人生はうまくいく

発明王トーマス・エジソンの有名な言葉に、「私は失敗したことがない。ただ、1万通りのうまくいかない方法を見つけただけだ」というものがあります。

まさにこの発想が重要です。**物事の良い面を意識する生き方**です。

うまくいかなかったときは、次のように発想を転換させてみましょう。

- **これで改善点がわかったのだから、成功に一歩近づいた**
- **自分に足りないものがわかった。学んだ点を次に活かそう**
- **助けてくれた仲間の存在がわかった。良い経験をした**
- **突っ走らないで良かった。大失敗をするところだった。次は確実にいこう**
- **悪いことがずっと続くわけはない。次は好転するだろう**

ポジティブなとらえ方をすると、視野が広がります。失敗から得るものがあったことに気づきます。次につながる可能性が見えてきて、モチベーションも上がります。

一方、ネガティブなとらえ方をすると、視野が狭くなります。失敗の原因に目がいきがちで、犯人探しをしてしまいます。思考もうまく回らず、いつまでも失敗をひきずって、問題解決の糸口がなかなか見つかりません。

物事にはすべて両面がありますが、良い面を見るのか、悪い面を見るのか。それだけでその後の展開はまったく異なってしまいます。

良い面を見る習慣をつけるのは、物事を成功させたり、より良く生きるための必須の技術といえるのです。

●「失ったもの」より「いまあるもの」が大切

私の知人に13年もの間、恨みと怒り、後悔をひきずってきた人がいました。彼女は信頼していた共同経営者に会社の財産を持ち逃げされ、会社は倒産。莫大な借金を背負わされてしまいました。

悔しさと怒りで歯を食いしばっていたため、歯はボロボロ……。運転中にハンドルを強く握りしめてしまい、事故になりかけたこともありました。

「すべてあいつのせいで、こんな目にあっている」

「あんな奴を信じた私がバカだった」

悔しさと憎しみが彼女の心の大きな部分を占めています。過去の失敗に気持ちがとどまり、「いま」をみつめることができません。


しかし、借金の返済という問題と、自分の感情は切り離せます。借金の返済は続けるとしても、悔しさや憎しみまで続ける必要はないのです。

私は過去に向いた視点を「いま」に向けるよう伝え、彼女も時間はかかりましたが、ネガティブ感情を切り離すことに成功しました。

「借金を返済できるくらい自分には仕事がある」「自分を信用して仕事をくれるお客さんがいる」ということに気づいた結果、良い点に目を向けることができました。

失ったものに執着するのではなく、いま自分にあるものを大切にする。

それがネガティブ感情のひきずりから抜け出すきっかけとなったのです。

良い面を見ようとする

ポジティブに考えると視野が広くなり、物事の良い面やいまあるものに気づくことができる

⓪⑥ 自分ができることに集中する

私はＩＢＭで働いていたとき、子育ての真っただ中でした。

会社でイヤなことがあっても、ひと息つく余裕はありません。家に帰るとすぐに夕食の準備や、子どもの宿題といった家事、育児に追われていました。

とてもではありませんが、会社のことを思い出す暇はありません。

そうやって目の前のことに集中して、動いている間に、気がつくと会社でのイヤなことは、どこかに吹き飛んでいたものでした。

●不満を持つ前に、何をすべきかを考える

私はクライアントに「自分の責任リスト」をつくってもらうことがあります。

これは、**周りに不満を持つ前に、自分は責任を果たしているか、リストをつくることで、やるべき仕事に集中してもらう作業です。**

接客業で働く男性にもこのリストを作成してもらったことがあります。

彼は入社1年目から仕事を任され、先輩が忙しくて聞けないときは自分で考えて仕事をするようになりました。ところが、そのことを先輩から注意されると、「教えてくれないのに、注意だけするのはおかしい」と、不満をつのらせるようになったのです。

そこで、私は新人の彼にできることは何かを考えてもらいました。

「毎朝30分早く出社して段取りを確認する」

「気になることをメモして調べる」

「接客に関する本を読む」

「先輩のやり方を観察する」

リストアップしたことに集中してもらうと、徐々に仕事がうまくこなせるようになりました。注意されることも減って、上司からほめられるほどになったそうです。

これをきっかけに、彼は、「教えてくれないのでわからない」と受け身で、不満を持っていた「ひきずり」状態から脱出しただけでなく、「社会人なら自分で調べる」という積極性も学んだようです。

●変えられるのは「自分と未来だけ」

ひきずる人に多いのは、他人のせいにする他責の傾向です。

「会社が悪い」「上司が悪い」「経済状況が悪い」と人の責任にしていても、物事は変わらないいし、問題は解決しません。

そういうときは、自分でできることはないか、考えてみることです。

上司や会社は自分ではコントロールできなくても、自分自身はコントロールできます。自分から変わり、**自分ができることに集中するのです。**

他人がすべきことに首をつっこんだり、一緒になってあれこれ心配するのではなく、自分ができることに集中すれば、「ひきずること」はありません。そのように考えてみると、自分ができることは意外とあるものです。

自分ができることに集中する

あれこれ考えて悩むよりは、自分ができることに集中するとひきずらない

07 自分の感情に気づく

●感情を言葉にして丸ごと受け止める

人は自分の感情に気づきにくいものです。

とくにネガティブ感情にはフタをして、気づかないふりをしがちです。

たとえば、「やばい」という言葉があります。

何か不都合なことが起きたとき、「やばい、やばい」と言っている人を見かけますが、この「やばい」とはいったいどういう状態でしょうか。

同じ「やばい」でも、使う人によって心の中は微妙に違っています。

言葉の意味を、きちんと表現しないと正しく感じとることができません。自分の感情に向き合うことができないのです。

人は使う言葉でしか、自分の気持ちを理解できません。

「仕事で大きなミスをして動揺している。すごくビビッている」
「侮辱されて、すごく悲しい。心が折れている」

そう感じていても、「やばい」のひと言だとモヤモヤした気持ちのまま、正しく認知できていないのです。認知できないままにしておくとネガティブな気持ちをひきずります。

ネガティブ感情を言葉にして丸ごと受け止め、なぜそういう気持ちになったのか、理由を考えてみましょう。

「怒り」は、愛情や正義感からくるものです。
「悲しみ」は、自分にとって大切なものがあるからです。
「悔しさ」は、頑張ったから感じるものです。

理由がわかれば、「なあんだ、そうだったんだ」とネガティブ感情を終わらせることができます。

●「それはそれ、これはこれ」と切り替えよう

私の友人の話です。彼は結婚式直後に離婚を求められるというつらい体験をしました。２人は式の三カ月前に入籍して、一緒に住み始めたのですが、同居してみて、お互いの生活リズムが合わないことに気づいたのです。

ストレスがたまり、結婚式の前には夫婦仲も最悪となり、それでも招待客の手前、式だけは挙げましたが、そのまま彼女は実家に帰ってしまったのです。

ほどなく奥さんから「正式に離婚したい」と言ってきました。

しかし、彼はまったく応じようとしません。

「そんな世間体の悪いことはできない」というのです。

彼の心にあるのは、「怒り」「悲しみ」「悔しさ」です。

腹が立つ気持ちもわかりますが、それはそれ、これはこれ。

ネガティブ感情にとらわれすぎて、解決すべき問題がそのままになっています。

奥さんを責めていても、問題は長引くだけです。**これからの人生をどうするのか気持ちを切り替え、問題解決に向けた行動をとることが重要なのです。**

自分の感情に気づく

「やばい」という言葉の中に感情を隠している

感情にフタをするといつまでもひきずってしまう。自分の気持ちを認めてあげると前に進むことができる

08 ほかの選択肢を考える

●「やり方はいくつもある」の発想を意識する

壁にぶち当たったときほど、視野を広げることが大切です。何も思いつかないという人は、選択肢のヒントを考えてみましょう。

・相談できる相手はいないか
・過去の経験は使えないか
・自分の周りにうまくやっている人はいないか

人は心に余裕がないと、「これしかない」と思い込みがちです。
でもちょっと視点を変えるだけで、意外とすぐ近くに解決方法があるのです。
私にも経験があります。ＩＢＭに勤めていた頃、１人目の子どもを保育園に預けるときの話です。申し込んだすべての保育園の抽選にはずれてしまい、預け先がなく途方にくれました。近くに親戚もいません。3月に入り、いよいよ仕事を辞めるつもりで上司に相談をすると、上司がけげんな顔をして言いました。

「入れる保育園を見つけて、そっちに引っ越せばいいじゃない」

その手があったか、と目からうろこが落ちる思いでした。

いま住んでいる場所は保育園が満員で入れません。

でも、ほかの場所に引っ越せば、定員に余裕があるところもあるのです。

当事者は「これしかない」という先入観にとらわれてしまいがちです。

そういうときは第三者の意見を聞いてみるのもいいでしょう。まったく別の視点から、思わぬ選択肢が出てくるかもしれません。

●焦りは禁物。見方を変えよう

私が担当するクライアントで管理部門から営業に異動した方がいました。

異動から半年経っても新規契約がゼロで、メンタルの落ち込みが激しく、仕事に行き詰まってしまいました。

彼にとって「仕事＝契約をとる」以外の発想がなかったために、契約ゼロの状態が彼を追いつめてしまったのです。

私は彼に「ゴール＝契約」ではなく、「ゴール＝契約を取るまでのプロセス」という発想を伝えました。

つまり、**契約が取れなくてもゼロではなく、訪問した顧客の数や集めた情報、試したやり方も契約に近づくためのステップだ**、という考え方を示したのです。なぜ契約できなかったのか、その理由を分析すれば次に活かせます。契約に近づいている過程も評価できるように見方を変えてみました。

エベレスト登頂には入念な準備が必要です。資金調達や情報収集、体力づくり、器材の選定などがなくては、登頂はできません。それは仕事も同様で、マイルストーン（通過点）を設けてゴールに近づくという発想が壁にぶつかって、ひきずらないときには必要なのです。

ほかの選択肢を考える

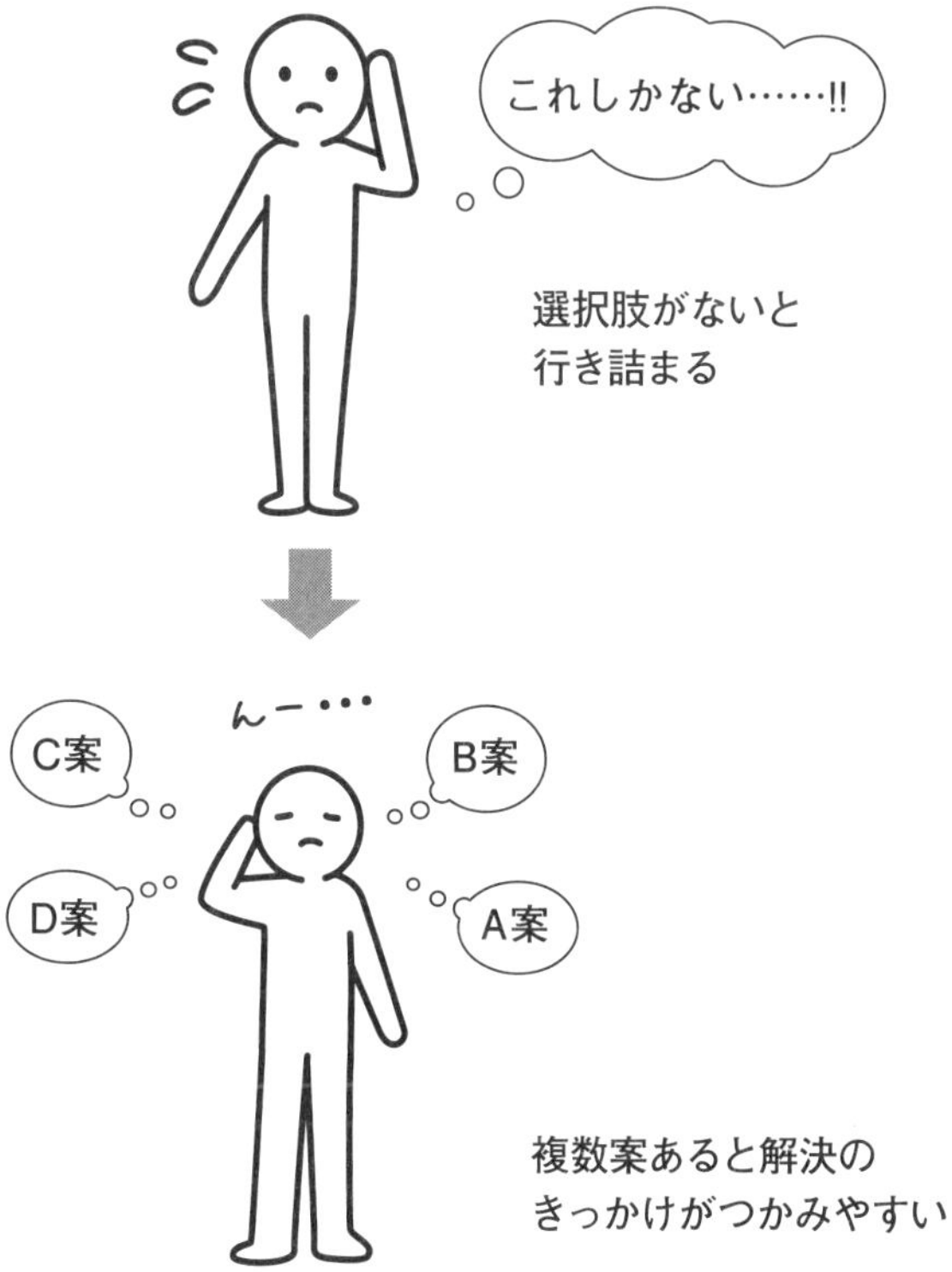

「やり方は1つではない」という考え方が、ひきずらないためには必要となる

09 自分の強みを使う

●頑張った体験にヒントが隠れている

日本人は自分の弱点を克服するのが好きですが、「ひきずり」から脱却するなら、**「弱み」に注目するより、「強み」にこだわったほうが効果があります。**

なぜなら、強みを使ったほうがうまくいく可能性が高く、うまくいけば、ひきずりからの脱却につながるからです。

過去に自分が頑張ったことを思い出してください。

自分が時間を忘れるほど集中したことは何だったでしょうか？

頑張れた状態とは、自分の強みを使っている状態です。どのように頑張れたかを思い出して、同じ状態をつくれば、自分の強みを使うことができます。

たとえば、必死に受験勉強していたときのことを思い出したとします。

過去の体験を思い浮かべたら、いまの状態と何が違うか比べてみましょう。

【過去の頑張れた経験】
・合格という目的があった
・良きライバルがいた
・入試まで時間の制約があった
・やることが明確だった
・合格判定でCが出て焦った
・絶対浪人したくなかった

【いまの状態に置き換える】
(目的)
(仲間・競争意識)
(期限)
(明確な対象と方法)
(目の前の課題)
(強い思い)

ポイントは過去に頑張れたたときと同じ状態をつくり出してみること。いまの自分に何が足りないか、当時の状態と比較してみるのです。

仲間がいないなら、誰かを誘ってみる。期限があいまいなら、期限を決めてみる。自分の強みが発揮しやすい状態をつくり出してみます。

私がコーチングをしていたクライアントは、営業成績が上がらず思い悩んでいました。「いまの会社では自分の強みが発揮できないのではないか」と将来に不安を感じており、「会社を変わったほうがよいのか」「でも転職しても同じかもしれない」と、決められない状態でした。

そこで彼に、自分が過去に熱中した体験を思い出してもらいました。

彼は中学校のとき、新聞部で学校新聞をつくっていたそうです。夢中で取材して文章を書き、読者の反応をみることがうれしかったことを思い出すと、それが自分の原点であり、強みを使っていたことに気づいたのです。

そこで、彼に同じ状態がつくれないか考えてもらうことにしました。

いまの仕事では、**「学校新聞」は「お客さまへの情報提供」に、「取材」は「お客さまのヒアリングや業界調査」に、「読者の反応」は「周りの反応」に置き換えることができます。**そして、新聞のように自分でつくった資料を渡していたところ、徐々にお客さんとの会話が増え、契約にもつながっていったそうです。

まさに過去に夢中になったことを振り返って、自分の強みを知り、その強みが活かせる状態へと、とらえ方を変えていった例といえます。

自分の強みを使う

過去に夢中になったことを振り返って、自分の強みを知り、活かすことで前向きになれる

●自分の強みを知る質問

自分の強みは案外、自分では気づいていないことがあります。当たり前にでき、苦労しないで習得できるので、人から言われるまでわからないことがあります。そんなときは、次の質問を自分に投げかけてみてください。

・何に興味があるか？
・どんなときワクワクするか？
・どんなときに不安か？（何がないと不安か？）
・大切にしているモノは何か？
・何に、どんなとき、達成感を感じる？
・気がついたら繰り返している、またやりたいと思うことは何？

先ほどの営業マンの場合、新しいモノが好きで「好奇心」があります。情報やデータを「収集・分析」するのも得意で、資料づくりに活かされています。

ところが、お客さんを説得するためのトークは苦手です。うまく話せないので、会話が続かず、足が遠のいていたのです。

これらをまとめると次のような分析ができます。

彼の場合、「好奇心」を使ってヒアリングするのは得意です。

資料づくりのための取材だと割り切ってみることで、いろいろな情報が引き出せ、徐々にお客さんとの信頼関係も築けていけそうです。「好奇心」「情報収集力」という強みを活かして、営業を続けることができます。

このように私たちは**「弱み」を克服するより、「強み」を活かすように行動することで前を向くことができます。**弱みを気にしていると、うまくいかない状態に目がいき、消極的になってしまいますが、「強み」に着目することでひきずらないことができるのです。

⑩ 現実と課題を区別する

●「それはさておき」を口癖にする

ひきずるタイプに多いのは、現実と課題が一緒になってしまっている人です。

言わば、「悩んでも仕方がないことに悩んでいる人」ともいえます。

たとえば、「私はもう40歳で若くないし、いまから転職するのは無理でしょう。だから悩んでいるんです」という人がいます。

でも、私から言わせれば、それは「悩み」ではなく、ただの「現実」です。

40歳を否定したところで、30歳や20歳に戻れるわけはありません。

40歳という年齢は変えられない「現実」です。

しかし、「40歳だから転職は無理」というのは、現実かどうかわかりません。

40歳でも転職している人はたくさんいるので、転職できないというのは「現実」ではなく、「課題」といえるでしょう。

「ひきずり」を抜け出したかったら、現実を受け入れるしかありません。そして課題に集中すべきです。そこにやるべきことがあります。

クライアントの中には、愚痴だけで時間が終わってしまうことがあり、「今日は愚痴だけでしたね」という日もあるのですが、そうやって自分の感情を吐き出すのは、現実を受け入れてネガティブ感情を終わらせる1つの方法です。

感情を吐き出すことができると、

「それはさておき、あの人との関係をどうすればいいんだろう？」

「それはさておき、今後どうしていけばいいんだろう？」

と頭が切り替わります。現実と課題がごちゃまぜになってしまう人は、「それはさておき」を口癖にするとうまく区別できるかもしれません。

●「現実」を見据えると、「課題」はより明確になる

年齢的な衰えを感じていた50代の男性がいました。

その方はいまの仕事を続けていくことに不安を感じており、「いまから違う仕事を覚えるのは無理ですよね」と尋ねてきました。

そこで私が、「70歳だったらできますか？　60歳だったらどうですか？」と聞き返すと、「50代のいまのほうができることが多い」と気づかれました。

彼には小さな子どもがいて、60歳を過ぎても働きたいという強い気持ちがありました。また、子どもから尊敬される父親でいたいという思いもありました。

話を続けるうちに、徐々に現実と課題が区別できるようになり、前向きな発想ができるようになってきたのです。

自分は50歳を過ぎていて、役職定年で給与が減り、もしかしたら肩をたたかれる可能性もある。しかし、それは「現実」として受け入れたうえで、「それはさておき」妻と子どもに誇れる人生をどう生きるかが「課題」だ、と。

このように私たちは**現実と課題を切り離すことができれば、課題に向き合うことができます。**

課題のみに向き合えば、結果的に立ち止まる時間は短くなり、ひきずらないようになっていくのです。

現実と課題を区別する

多くの人が現実と課題を
ごちゃまぜにして考えている

「ひきずり」を抜け出すには、「それはさておき」を
口癖にして現実と課題を区別する

「現実」を見据えることで、「課題」に向き合うことができ、立ち止まらないようになる

⑪ うまくいっている人のマネをしてみる

●まずは身近な人をお手本に

物事がうまくいかず、ひきずってしまうときは、うまくいっている人のマネをするという方法があります。

私はＩＢＭに入社したとき、外資系特有の雰囲気に戸惑いました。

使う言葉は横文字やアルファベットの略語が多く、何を言っているのかさっぱりで、会話についていけません。この会社でやっていけるだろうかと、不安になりました。

そこから脱却できたのは、「とにかくマネしてみよう」と思ったからです。

自分にとってのお手本を見つけ、「この人すごいな」「素敵だな」と思える人をマネしました。仕事のやり方、考え方、言葉などをマネすることで理解が深まり、「この会社でやっていけそう」という自信が持てるようになったのです。

ひきずっているときに、行動しないのはよくありません。

そのときはわからなくても、マネしているうちに、人のモノが徐々に自分のモノになっていき、自分らしさも出てきます。

●マネとは学ぶことである

ある営業所の所長さんは、部下の離職率の高さに悩んでいました。

いくら採用しても辞める社員が多く、なかなか定着しません。慢性的な人手不足で、仕事にも支障があり、職場改善が急がれていました。

営業所には、200人を超える社員がそれぞれチームで活動しています。

チームによって違いはないかを聞いてみたところ、離職率の高いチームとそうでないチームがあることがわかりました。

そこで、私は所長さんに離職率の低いチームを選んでもらい、どんな取り組みをしているのかを面談で聞いてもらうことにしました。

すると、うまくいっているチームはリーダーがメンバーに頻繁に声をかけていたり、メンバー一人ひとりに具体的なアドバイスをしたりと、さまざまな事実がわかりました。

私は所長さんに、ほかのリーダーにこのリーダーをお手本にするよう指示を出してもらいました。所長さん自身は「仕事は自分で見て覚える」で育った世代の人です。自分とは違う指導のやり方に、抵抗があったかもしれません。

それでも職場の改善をしたいという思いが強かったため、この方法を取り入れてもらいました。すると、身近な良い事例をマネすることで、離職率が少しずつ改善するようになったのです。


失敗や挫折をひきずってしまい、そこから抜け出す方法がつかめないときは、身近な成功例をお手本にするといいでしょう。

人のマネを嫌う人もいますが、**マネとは相手から学ぶこと**です。

そうすることで、自分に足りないものに気づくことができるのです。

人のマネをする

「何もかもがうまくいかない、
ほかの人のほうが優秀だ……」
↓
うまくいかないと劣等感を抱きやすい

そんなときはうまくいっている人のマネを
してみることで解決のヒントが得られる

言葉遣い、立ち居振る舞いなど、良いところをマネして学ぶことで「ひきずり」から脱出できる

⑫ 完璧を目指さない

●頭の中に〝貸し借り手帳〟をつくる

「絶対に成功させなければいけない」

そんな気持ちが強すぎると、ネガティブ感情が高まりやすくなります。

完璧を目指すファイティングスピリットは強みにもなりますが、度を超えた完璧主義は不満を抱え、その人の弱みにもなってしまうのです。

私にも同じ経験があります。私の30代は、いつも仕事と育児に追われていました。

仕事が面白くてのめり込んだ一方、家に戻ると、ちゃんと子育てをしなければと、疲れていても夕飯をつくったり、子どもの世話をする毎日でした。

しかし、これでは子どもの話を聞く余裕もなく、身体が休まる時間がありません。

そこであるとき、思い切ってハードルを下げてみたのです。

育児については、平日のご飯づくりを手抜きにしよう。電子レンジでチンでも出前ピザでも構わない。その分、週末の食事を手づくりにすればいい。一日の疲れを癒し、家族とゆったりと過ごす時間のほうが大切だと思ったのです。

仕事も同じです。保育園のお迎えで早く帰らなければならないとき、責任を果たしていない、後ろめたい気分がありましたが、同僚に「今度は私がやるから、何か困ったことがあったら言ってね」と伝えるようにしました。

私の中に自然と〝貸し借り手帳〟が存在するようになったのです。

これは、**「今回は助けてもらったので、いつか何かの形で返そう」**と、自分の中にとどめておく相手との約束手帳みたいなものです。

物事を完璧にこなすのではなく、自分なりの合格点を目指す。できる範囲でやるようにハードルを下げると、ストレスもかなり軽減されます。

●「キャリアウーマン」より「パート主婦」が幸福な理由

完璧を追求することは、じつは幸福度とも深い関係があります。

子育て女性の中で、「専業主婦」「パート主婦」「キャリアウーマン」を調べると、完璧を追求するほど幸福度が下がるという結果があります。

キャリアウーマンの場合、仕事は男性並みに、育児も専業主婦と同じレベルを目指して、両方を完璧にしようとするため、相当な負担がかかります。

専業主婦も、仕事をしていない分、家事や育児を完璧にこなそうとするため、なかなか満足できずに不満を感じてしまいます。

しかし、パート主婦の場合は、誰と比べるわけでもなく、仕事と育児の両方に自分なりの満足度を求めているため、幸福度が高かったのです。


勝った負けたに一喜一憂していると、心も体も疲れてきます。常に、競争相手を意識するので「ストレス」がかかるのです。

そんなときは、**競争相手を、「他人」ではなく「自分自身」にする**ことです。

過去の自分に負けていないか、理想の自分に近づいているか。自分らしく努力して、ほかの人にはない自分自身を磨いていけばいいのです。

完璧を目指さない

ハードルを下げることでストレスは軽減される。
他人と比べない、自分らしさが大切

おわりに

この本を書くにあたってこれまでに出会った人の顔が思い浮かびました。

ひきずっている人、ひきずりを止めて立ち上がった人、ひきずりながらも前に進もうとしている人。

ストレスはうまく扱えば成長につながります。

間違った思い込みに気づいたり、助けを求めることで人とつながったり、全力で考えてみることは、脳の枝ぶりを広げることにもつながります。

わき上がるネガティブ感情には意味があります。

自分の気持ちにフタをしないで受け入れれば、手放すこともできます。

東日本大震災の被災地でも、「レジリエンス」を見てきました。

この先どのように復興するのか、答えは簡単に見つからなくても、見つかると信じて探し続けることが「レジリエンス」ではないでしょうか。

話を聞いて、一緒に考え、笑い、涙し、食事を共にしながらそう思いました。

震災の経験はひきずらなくてはいけないことがたくさんあります。

尊い命が奪われたこと、津波の恐ろしさ、原発事故、避難訓練の大切さなど、心に留めて、「良いひきずり」とし、安全な国づくりに活かさなくてはいけません。

そして、先行きが見えない社会を自分らしく生き抜いていくには、何が起こっても、「大丈夫、きっと、私は乗り越えられる」と思える気持ちが必要です。

成功した人のほとんどは挫折や逆境を経験しています。

あのつらい経験があったからこそ、いまの自分があると思える、良いひきずり方とレジリエンスを身につけています。

レジリエンスは決してエリートや特別な人のものではありません。

この本を読んで、一人でも多くの人がレジリエンスを高め、ひきずりから抜け出して、自分らしい素敵な人生を切り拓くことを願ってやみません。

《参考文献》

・『命を守る教育　3.11釜石からの教訓』（片田敏孝／PHP研究所）
・『さあ、才能に目覚めよう』（マーカス・バッキンガム&ドナルド・O・クリフトン著 田口俊樹 翻訳／日本経済新聞出版社）
・『ポジティブ心理学入門　「よい生き方」を科学的に考える方法』（クリストファー・ピーターソン著 宇野カオリ 翻訳／春秋社）
・『少し「心配性」のほうが、うまくいく！』（大野裕／大和書房）
・『小さいことにくよくよするな！』（リチャード・カールソン著　小沢瑞穂 翻訳／サンマーク出版）
・『新版 すべては「前向き質問」でうまくいく』（マリリー・G・アダムス著　鈴木義幸 監修 中西真雄美 翻訳／ディスカヴァー・トゥエンティワン）

《参考サイト》

・5分でできる職場のストレスセルフチェック
http://kokoro.mhlw.go.jp/check/
・米国心理学協会　レジリエンスへの道
http://www.apa.org/helpcenter/road-resilience.aspx

【自分の強みを知る】
活用の仕方&４つの事例

次ページでは、私が相談者とコーチングをしたときの事例を掲載してあります。5章でも解説したとおり、「ひきずり」から脱却するには自分の「強み」を知ることが大切です。

以下の質問例を踏まえながら、自分の強みを知るための参考にしてもらえたら幸いです。

【強みを探る質問例】

1. いまいちばん気になることは何ですか？
2. 印象に残っている出来事は何ですか？
3. 休日に何をされていますか？
4. もし、仕事でトラブルが発生したら、どうしますか？
5. 気がついたら繰り返していることはありますか？（習慣にしていること）
6. 最近人から、ほめられたことは何ですか？（気分がよかったこと）

〈保育士Aさん・女性50歳〉

Q：いまいちばん気になることは何ですか？

A：1. 息子の将来です。役者志望なので仕事につけるか心配。

2. 保育中のお子さんとそのお母さん。母子家庭なので気になる。

3. 両親の健康が心配。とくに父親は最近元気がない。

【分析】

気になることは、自分以外のことばかりで、しかも年齢はバラバラです。彼女と会話をすすめていくうちに、人との垣根が低く**「社交性」**があり、誰とでも分け隔てなく接している**「公平性」「共感力」**が強いことがわかりました。

人に関する仕事に強みが発揮されますが、相手との距離が近すぎる点、相手を選ばないという点が裏目にでると、ストレスを感じます。人の悩みを引き受ける傾向があり、それが原因でひきずってしまうことがあるかもしれません。

強みを活かし、かつ、ひきずらないためには、相手と意識して距離を保つか、距離を保てる仕事が向いています。接客、カウンセラーなど。

【まとめ】

「気になることは？」と何度も重ねて問いかけてみることで、強みがわかります。繰り返し出てくる答えのなかに、大切にしているモノがあります。ほかの人にはない特徴が見えてきたら、それが強みです。

〈学生Nさん・男性23歳〉

Q：印象に残っている出来事は何ですか？

A： 1. 高校時代の海外留学（2年間）
2. 言葉の壁を乗り越えてうちとけようと努力した。
3. バスケット部の部活でレギュラーになった。
4. 日本人がいない環境でがんばった。

【分析】

留学当初は、いろいろと悩みもあったようですが見事に克服されています。バスケットの引退試合は、チームが一体となり、とても感動的だったそうです。このことから、**「相手と自分の違いを受容できる力」「コミュニケーション」「忍耐力」「適応力」「積極性」**が強みとしてあります。

高い目標に向かってチャレンジできる環境、多様なユーザー向けの商品開発、接客や交渉などに向いています。目標がないとめげてしまう、やりたいことが絞れないと中途半端にひきずる傾向があるので注意が必要です。

【まとめ】

記憶の中に鮮やかに残っている出来事には強みが使われています。記憶に残るだけ、そのときの苦労も成功も、自分らしさが発揮できていたからです。どの瞬間がいちばん輝いていたか、そのときの光景を思い出すと元気がでてきます。

〈会社員Sさん・男性35歳（サービス関係・現場）〉

Q：休日に何をされていますか？

A：1. 妻の美容院のホームページをつくっています。
2. 子どもが最近カードゲームに熱中しているので、一緒に大会に行きました。
3. 自己啓発セミナーに参加することもあります。

【分析】

美容院のホームページをつくるにあたって、同業他社のサイトを研究されたそうです。また、いまの美容院を開業する際、さまざまな場所を見て回ったとお聞きしました。子どものゲームや自己啓発セミナーなどからも、この方の強みは**「好奇心」「情報取集」**です。実際に足をはこぶ**「行動力」「責任感」**もあります。

会社でいろいろな業務を兼任していることがストレスに感じるとのことで、強みを活かすなら、調査・企画など、1つのことに没頭できる環境が必要です。教育や提案活動など、知り得た情報を活かすことにも向いています。

【まとめ】

休日は自由な時間です。**自由な時間にやっていることの中に、強みがあります。**繰り返しやっていること、習慣になっていることは、それをすることが心地よく、満足するからです。

〈管理職Kさん・男性55歳（製造業・管理部門）〉

Q：もし、仕事でトラブルが発生したら、どうしますか？

A：1. なるべく多くの情報を収集して、原因を突き止めます。
2. 現場担当者にヒアリングし、経緯を明確にします。
3. ほかにも類似の事例がなかったか調べて、再発防止策を考えます。

【分析】

「情報収集」「情報分析」「正確さ」がこの人の強みです。

確実な仕事を積み上げてこられたことで信用を築いています。

ただ、話の中にお客さま対応、影響範囲など、「いま」を表す言葉がないことから、いま目の前ではなく、過去に視点が向いています。過去が気になると動けない、行動するには情報が必要なため、時間に余裕が持てる仕事が向いています。

人の感情や行動より、その人から得られる情報に興味があるため、数字やデータを扱う仕事に強みを発揮できます。

【まとめ】

トラブル発生という緊急事態に、その人の強みが使われています。とっさのときに頭に浮かぶことは、その人が重要だと考えていることです。考えなくても行動に移せる、自然と体が動く状態で強みが使われています。

著者紹介

深谷純子（ふかや・すみこ）

株式会社深谷レジリエンス研究所代表取締役
レジリエンスコーチ／コンサルタント
一般社団法人レジリエンスジャパン推進協議会委員
一般社団法人レジリエンス協会常務理事

山口県光市生まれ。山口大学理学部卒業後、ソフトウェア開発会社に入社。1988年、日本アイ・ビー・エムに移ると、銀行システムのSEとしてサービス開発に携わり、サービス実施部門の管理職、アジアパシフィック統括会社のマネジャーなどを歴任する。コンサルタントとしては、2007年に大型案件の受注をした功績が認められ、社長賞受賞。

子育てをしながらのSE経験、新サービスの開発と担当者教育の実施、部下の労務管理、アジア各国担当者・米国本社との折衝などを通じて、ビジネスのあらゆる場面で「レジリエンス」が求められていることに気づく。2011年には「深谷レジリエンス研究所」を設立。2016年には、ジャパン・レジリエンス・アワード2016優秀賞受賞。「レジリエンス」を高めることで、個人や組織がさまざまな困難・逆境を乗り越える力を身につけてほしいと普及に努めている。現在は、個人・法人対象に研修・コーチングを行っているほか、全国各地でセミナー・講演活動を実施中。

・編集協力／辻由美子

心《こころ》のモヤモヤがスッと消《き》える
ひきずらない技術《ぎじゅつ》　〈検印省略〉

2016年　5　月　3　日　第　1　刷発行

著　者——深谷 純子（ふかや・すみこ）
発行者——佐藤 和夫

発行所——株式会社あさ出版
〒171-0022 東京都豊島区南池袋 2-9-9 第一池袋ホワイトビル 6F
電　話　03 (3983) 3225 (販売)
　　　　03 (3983) 3227 (編集)
F A X　03 (3983) 3226
U R L　http://www.asa21.com/
E-mail　info@asa21.com
振　替　00160-1-720619

印刷・製本 (株) 光邦

facebook　http://www.facebook.com/asapublishing
twitter　http://twitter.com/asapublishing

ISBN978-4-86063-871-9 C2034